シードブック

三訂

子どもの社会的養護

出会いと希望のかけはし

望月　彰　編著

芦田麗子・市川太郎・京　俊輔・神原知香・児玉俊郎・才村眞理

鈴木崇之・長瀬正子・農野寛治・堀　健一・堀場純矢　共著

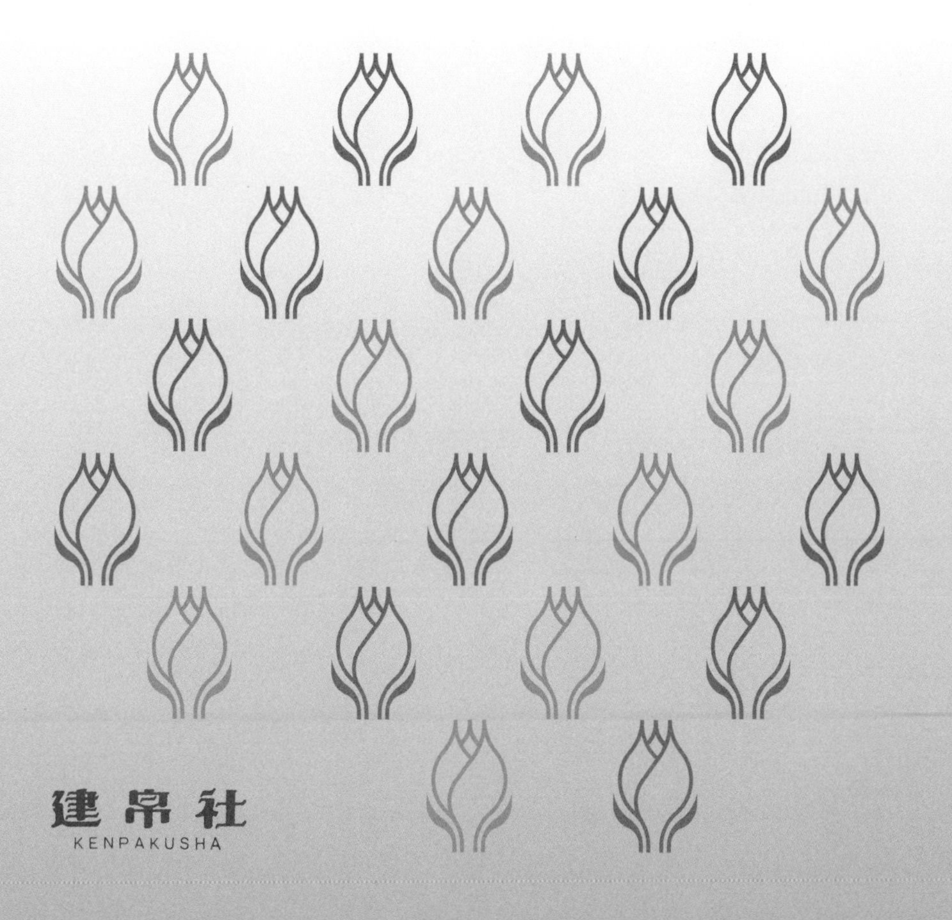

建帛社

KENPAKUSHA

はしがき

なんらかの事情により，家庭で親といっしょに暮らすことのできない子どもがいる。親といっしょに暮らすことができない事情としては，貧困を背景として，親の病気，事故，災害，失業，不和，行方不明，子どもの遺棄などがあり，時には戦争などによる両親との死別の場合がある。また，養育者がいたとしても経済的理由や長期入院その他の理由で養育力がない場合，あるいは子どもが特別なケアを必要とする病気や障がいをもっていて，家庭で子どもを養育することが困難となる場合もある。さらに，親が子どもを虐待している場合など，家庭環境が子どもの健全な発達にとって不適切である場合もある。

このような事情により親といっしょに暮らすことのできない子どもに対して，家庭に代わって子どもを養育するしくみが社会的養護である。このしくみによって，家庭環境の如何にかかわらず，すべての子どもの生存と発達を確保することがめざされている。日本では，このいとなみに保育士や児童指導員などの施設職員さらに里親や児童福祉司などが子どもの生活の援助にあたっている。

社会的養護のもとにある子どもは，親に代わって護り育ててくれる多くの大人たちとの出会いを体験する。また，それぞれの事情から生活を共にすることとなった同じ境遇の子ども同士の出会いもある。子どもの社会的養護のいとなみは，親といっしょに暮らすことができないという不幸な現実を，新たな出会いを通して希望につなげる「かけはし」の仕事であるといえる。

本書は，未来の保育士を志す学生を対象としている。そのため，主として日本における子どもの社会的養護について，その原理や内容・方法を解説している。少子化の進行，子育て不安の拡大，さらに児童虐待の増加などを背景に子育て支援が大きな課題となっているこんにち，子どもの社会的養護の原理や内容・方法を学ぶことは，児童養護施設だけでなく，保育所をはじめとする多くの児童福祉施設においていまや不可欠の専門的素養となっている。

本書の標題とした「子どもの社会的養護」とは，狭義には，親といっしょに暮らすことのできない子どもに対して，家庭に代わって子どもを養育するしくみのことである。国連の文書では‘Alternative Care of Children’という言葉が用いられており，日本語訳としては「代替養育」もしくは「代替的養護」という場合がある。また広義には，子どもにとって適切な養育をすることが難しい家庭に対して，可能な限り家庭で適切な養育ができるよう自治体が行う専門的な援助（ソーシャルワーク）を含めたしくみのことである。本書は，主として狭義の「社会的養護」について論じており，必要に応じて「代替養育」の用語を用いている。このしくみは，基本的には児童福祉法によってその体系が定められている。児童福祉法は，2016年の改正で，すべての子どもが「福祉への権利」の主体であること，その権利保障のいとなみは国連子どもの権利条約の精神に基づくことを明記した。さらにこの条約は，社会的養護に対する子どもの権利について明確に規定している。本書を通して，ひとりでも多くの保育士を志す学生が，子どもの権利に根ざした社会的養護について理解を深めていただければ幸いである。

狭義の子どもの社会的養護は，児童福祉施設における養護（施設養護）と，養育を委託された家庭（里親またはファミリーホーム）における養護（家庭養護）に分類できる。また施設養護では，生活単位の小規模化や，施設の地域分散化した形態であるグループホームによる「家庭的養護」がめざされている。いま国の政策として，里親や永続的な家族関係としての養子縁組を大幅に増やし，施設養護の割合を減らしていく方向が示されている。そのような流れの中で，施設養護の現場で専門職の一員として働く保育士には，高度な支援ニーズを抱えた子どもへの援助をはじめ，家庭支援，里親との連携，子どものアフターケアなどにおいて，むしろこれまで以上に大きな役割が期待される。

施設や里親のもとでくらしている子どもは，やがて家庭に帰り，あるいは社会に巣立っていくことになるが，引き続き援助を必要とするケースも少なくない。本書では，児童養護施設を中心としながらも，里親を含めた社会的養護の終結（措置解除）後の支援体制も含めて，子どもの権利保障のしくみ全体を網羅しながら社会的養護の全体像を示し，そのあり方を考える素材を提供したい。

2019年1月

編　者　望月　　彰

も く じ

第1章 子どもの社会的養護

子どもは，親を含めた社会の援助なしには生きていくことができない。この明らかな事実に基づいて，昔から子どもを育てる社会的なしくみが築かれてきた。特に，家庭での養育が困難となり親といっしょに暮らすことができない子どもには，家庭に代わって子どもを養育する社会的なしくみが不可欠である。このような理由から生まれた社会的なしくみが子どもの社会的養護である。

子どもの社会的養護は，もともと，地域共同体のいとなみとして，また教会や寺院などによる慈善事業として行われてきた。こんにちでは，多くの国で，人権保障の理念に基づく児童福祉制度として確立している。

日本では，子どもの社会的養護は児童福祉法に基づいてそのしくみができている。また，1994（平成6）年に日本で子どもの権利条約が発効し，これが2016（平成28）年の児童福祉法改正で，同法の基本理念に位置づいた。このことから，子どもの社会的養護は，子どもの権利を基盤とするしくみであるといえる。

1. 日本における子育ちの危機

(1)「子どもの貧困」問題──子育ちの危機

子どもの問題は，こんにちの日本社会において大きな社会問題となっている。例えば，多くの人々が関心を寄せる問題として，非行・少年犯罪問題がある。後で述べるいじめの問題も，非行や少年犯罪と紙一重の場合もあり，子どもの育ちをめぐる基本問題のひとつである。あるいは，障がい*[1]をもって生まれ，また病気や事故などによって障がいをもち，そのことを契機に当事者や家族が様々な生活上の困難や生きにくさを抱える状況も依然として残されている。

子どもに関するこうした様々な問題のなかで，近年，政府が最も大きな課題としているのが少子化問題である。少子化とは，生まれてくる子どもの数が減少していく傾向のことである。そのことが労働力の減少など社会に大きな影響を与えることから，政府は少子化対策を重視しているのである*2。

少子化は，保健医療制度が発達している先進国に共通の傾向である。生まれた子どもが健康に育つ可能性が高いことから，少なく産んで大切に育てるという価値観の広がりがある。また，産業の高度化や大学進学率の上昇などによって結婚・出産年齢が高まっていることもその背景として指摘されている。

一方，少子化問題が社会問題であることのもうひとつの側面として，子どもを生み育てたいと思っても，それができにくい現実があることを指摘しなければならない。特に日本においては，1960年代以降の急速な都市化とその一方での過疎化により，子どもたちが豊かに育つ環境や人間関係，親たち同士が互いに子育てを支え合う関係が衰退し，子育てへの希望がもちにくくなっている。

また，高度経済成長が低賃金・長時間労働や産業基盤優先・生活基盤後回しの政策に支えられてきたこととかかわって，日本の労働者家庭は，狭い住宅，長い通勤時間と労働時間，保育所の不足など子育てにとって厳しい条件を強いられてきた。さらに，高校・大学の進学率の上昇と裏腹に，受験競争が激化したことや教育費が家計を圧迫していることも子育てにとって厳しい条件となっている。これらは，特に低所得層にとって厳しいものとなっており*3,「貧困・格差社会」日本における「子育ちの危機」ともいうべき問題である。

＊1　従来「障害」という言葉が一般に用いられてきたが，当事者の，「『障害』という言葉は，自分たちが社会にとって『害』であるかのような印象を受ける」という声をふまえて，本書では当事者の間で用いられている「障がい」という表記で一貫させるように努めた。ただし，法令名や文献名などの固有名詞や引用した文書・資料のなかで用いられている用語は，元の表現をそのまま用いている。

＊2　日本政府による少子化対策については，本書第4章第4節「少子化問題と子育て支援の諸施策」を参照。

＊3　子どもの貧困白書編集委員会編『子どもの貧困白書』（明石書店，2009）などを参照。

（2）児童虐待問題──親子関係の危機

親にとって子育てが厳しい状況は，子どもの立場から見れば厳しい生育環境のもとで生まれ育たざるを得ないということである。様々な子どもの問題の状況から考えると，現代日本はまさに「子育ちの危機」の状況にあるといえる*4。

なかでも，子どもにとって最も厳しい状況は，本来安心して身を任せることができ，愛してもらえるはずの親など身近な養育者によって虐待されるという児童虐待の問題である。全国の児童相談所が対応した相談件数は，統計をとりはじめた1990（平成２）年には1,101件であったが，図１-１のように，10年後の2000（平成12）年には17,725件，さらに2010（平成22）年には55,152件（厚生労働省「社会福祉行政業務報告」）と急増している。

政府は，この状況に対して，2000（平成12）年に児童虐待の防止等に関する法律（児童虐待防止法）を制定し，児童虐待の定義を明確にするとともに，「児童虐待の防止に関する国及び地方公共団体の責務，児童虐待を受けた児童の保護のための措置等を定め」，その対応体制と防止対策の強化に乗り出した。

しかし政府は，先に述べたような子どもの問題の背景に対する改善策はとらず，むしろ，国民に「痛み」を強いる行財政改革を強行した。そのため児童虐

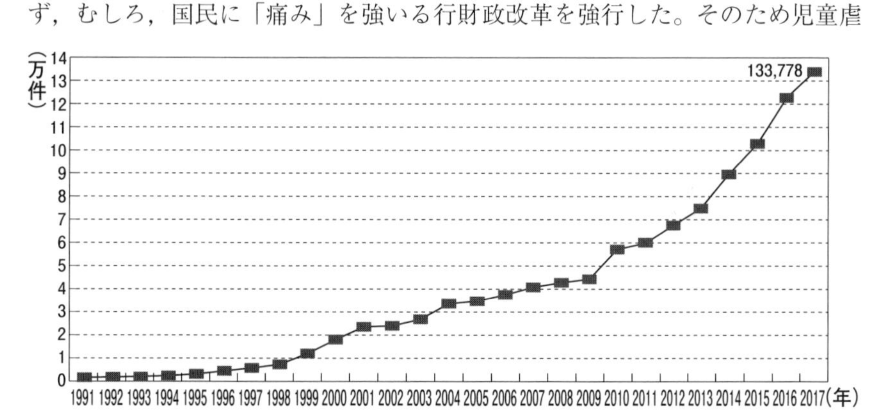

図１-１　児童相談所における児童虐待の相談受理件数の推移

（厚生省および厚生労働省による各年度の報道発表資料より作成）

＊4　詳しくは，望月彰・谷口泰史編『子どもの権利と家庭支援―児童福祉の新しい潮流―』（三学出版，2005），特に第10章の「地域における子育ち保障の展開と課題」を参照。

待対応の最前線を担う児童相談所や児童養護施設など社会的養護の条件整備は，関係者の強い要望にもかかわらず不十分なまま据え置かれた。企業間・職場内での競争も激化し，非正規雇用の割合の拡大など低賃金構造の強化とともに国民の生活を圧迫した。結果的に，児童虐待はその後も急増を続けている。

児童虐待への対応は，1962年にアメリカの小児科医ケンプ（C.H.Kempe）らの論文「殴られて育った子どもの症候群」（The Battered-Child Syndrome）*5が発表されたことをきっかけに，主としてアメリカで体制整備が進んだ。当初は身体的虐待が対応の中心であったが，しだいに性的虐待，心理的虐待，養育放棄や保護の怠慢（ネグレクト）など，子どもの生命・人格や健全な成長に害をもたらす行為全般が児童虐待として捉えられ，その対応体制の整備や援助方法の開発がすすめられた。

児童虐待は，先にも述べたように，本来最も愛着を抱くことができるはずの親など身近な養育者による行為である。図1-2を見ると，主たる虐待者は実母が最も多く次いで実父となっている。子どもを死に至らしめる虐待も年間50件ほど発生しており[1]，虐待死を未然に防ぐための対策も求められている。

児童虐待問題は，直接的には親の養育観や養育能力の問題である。子どもの社会的養護においては，虐待による子どもの心の傷を癒すとともに，再び家族がいっしょに暮らせるように家庭環境の修復が不可欠である。同時に，適切な親子関係を築くことを困難にしている社会のあり方の改革も必要である。

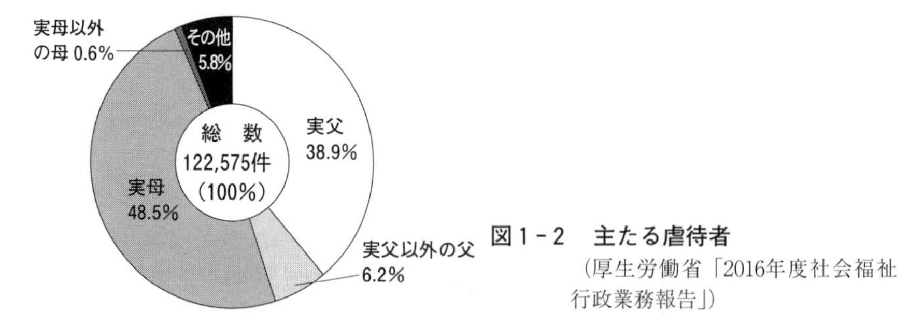

図1-2　主たる虐待者
（厚生労働省「2016年度社会福祉行政業務報告」）

＊5　同論文は，R.E.Helfer & C.H.Kempe(ed.),The Battered Child,University of Chicago Press,1968として出版された。

（3）いじめ問題――子ども同士の人間関係の危機

いじめという言葉には，からかい，いじわる，悪ふざけなど軽微な悪戯というニュアンスがある。しかし，現実には，集団暴行，傷害，恐喝をはじめとする犯罪的行為までも含まれており，いじめが原因の自殺も後を絶たない。このような生命や人格の尊厳を奪い取るほどの行為が拡大し続けており，また，その事実解明がなおざりにされ，再発防止のための有効な手だてもとられず，被害当事者・遺族が苦しみ続けているところに，いじめ問題の深刻さがある。

いじめ問題は，主として学校において発生していることから学校教育にかかわる問題として捉えられている。確かに，いじめは，教室の中や課外活動など学校における子ども同士の力関係のひずみともいえる。その背景には，過度の競争的環境のなかにおかれた子どもたちが特に学校においてストレスを高めている状況があり，また，子どもを競争に追い立て，そのための「指導」に従順に従わせようとする管理主義教育がさらに子どものストレスを高めているという状況があることは否定できない。

しかし，いじめの問題は，より広く現代日本における子どもたちの人間関係とその形成過程にかかわる問題として捉える必要がある。死に至らしめるほどのいじめの広がりは，死に至らしめるほどの児童虐待の広がりや少年犯罪と共通する問題をはらんでいると捉える必要がある。すなわち，現代日本において，親子関係や子どもの仲間関係など日常生活のなかでの身近な人と人のつながりに重大なゆがみが広がりつつあるということである。このような事態は，日本社会における貧困・格差の広がりを背景として起こっているのである[*6]。

子どもの社会的養護は，「豊かさ」の陰で広がっている人間関係のゆがみへの事後対応であるともいえるが，同時に，たまたまめぐりあう大人と子どもや子どもたちであるにしても，そこに人間らしいつながりを築くいとなみでなければならない。そのためには，現代日本の「豊かさ」の実態を見据えつつ，より人間らしい関係づくりを追求していくことが求められる。

＊6　このことについて，子どもの権利条約市民・NGO報告書をつくる会が2017（平成29）年11月に国連に提出した報告書「日本における子ども期の貧困化―新自由主義と新国家主義のもとで―」は，包括的にまとめている。

2．子どもの権利としての社会的養護

（1）人権思想の発展と子ども

人権は，現代社会の普遍的価値である。それは，「人類の多年にわたる自由獲得の努力の成果」（日本国憲法第97条）として確立されている。そもそも権利とは，個人と個人，個人とその属する団体や国家およびその機関との間の契約によって生ずる個人の自由や権益であるといえる。人権は，なかでも特に個人と国家との間の契約であって，国家が無条件に保障すべき個人の尊厳や自由である。また，その柱となる特に重要な人権が基本的人権である。

人権思想は，18世紀のヨーロッパにおける市民革命に起源がある。最も代表的な市民革命としては，1789年のフランス革命が挙げられる。この革命で採択された「人権宣言」（Declaration des droites de l'homme，1789）は，人類史上はじめて，すべての人間の権利を宣言したものである。

しかし，ここで宣言された権利の主体は，実際には資本家や大商人たちに限られ，革命の主役であった労働者など一般市民が実質的に権利を獲得することはできなかった。さらに，ここでいう「すべての人間」には，女性や子どもは含まれていなかった。労働者をはじめとする貧しい市民は，その後の労働運動など社会運動によって自らの人間としての権利を闘いとってきたのである。

20世紀後半には，第二次世界大戦の被害の甚大さを教訓として設立された国際連合（以下，国連と略す）を舞台に基本的人権の重要性が確認され，その内容も次第に充実していった。その出発点となったのは1948年の国連総会で採択された「世界人権宣言」（正式名称：「人権に関する世界宣言」The Universal Declaration of Human Rights）である。1966年には，これに法的拘束力をもたせた「国際人権規約」（International Covenant on Economic, Social and Cultural Rights & on Civil and Political Rights）が採択された。これらを土台に，女性をはじめ，それまで人間としての権利を認められてこなかった社会的弱者と呼ばれる人々も，その人権を世界に認めさせてきたのである。

（2）二つの革命と子どもの権利思想の誕生

18世紀の市民革命期には，子どもは人間としての権利をもつ主体としては考えられていなかった。子どもは，女性もそうであったように，そもそも権利を有する資格のある市民としての「人間」の枠から除外されていたのである。

しかし，市民革命の推進に重要な役割を果たしたいわゆる啓蒙思想家のひとりであったJ.J.ルソー（Jean-Jacques Rousseau：1712-1778）は，そのような歴史的限界があるなかでも，子ども期の固有性に着目していた。ルソーは，その著書『エミール』（“Emile, ou De l'education”，1762）のなかで，子どもは大人とは異なる固有の世界をもっているという新しい観点を打ち出し，大人の一方的な価値観でその世界を踏みにじることを戒めた。このことは人類史上における「子どもの発見」ともいわれている[2)]。

子ども期の固有性に着目したルソーの思想は，1900年に出版されたエレン・ケイ（Ellen Karolina Sofia Key，1849-1926）の『子どもの世紀』[3)]の影響や20世紀初頭の児童中心主義の教育運動[4)]の広がりのなかでようやく芽を開き，子どもの権利思想の基礎が築かれることになる。

しかし，それまでの子どもの歴史は，むしろその人間の尊厳を踏みにじる悲惨なものであった。すなわち，イギリスにはじまる産業革命によって，生産労働の現場で熟練した技術や大人の男性の筋力等を必ずしも必要としなくなると，女性とともに子どもが低賃金労働力として酷使される事態が広がったのである。先進工業国のヨーロッパ諸国や日本では悲惨な児童労働が社会問題となり[*7]，このような事態を通して，児童労働を規制したイギリスの工場法（1825）をはじめ，各国で子どもの生命，健康，個人の尊厳を守るための対策が着手されるようになった。子どもの権利思想は，市民革命と産業革命という二つの革命が契機となって生み出され，発展することとなったのである。

＊7　当時のイギリス労働者の生活状況を表した最も典型的な書物としては，1845年5月独仏年誌に発表されたフリードリッヒ・エンゲルス「イギリスにおける労働者階級の状態」がある（岩波文庫などに所収）。また，日本における労働者・貧民の生活状態を著したものとして，横山源之助『日本之下層社会』1899年（岩波文庫などに所収）があり，いずれも基本的古典である。

（3）二つの戦争と子どもの権利思想の発展

子どもの権利思想の発展には，いまひとつ，戦争が深くかかわっている。最初の大きな契機は，1914年から1918年までの第一次世界大戦である。第一次世界大戦は，それまでの戦争とは比較にならない大規模な戦争であった。また，科学技術の発展を背景とする近代兵器による無差別大量殺戮が行われた。その結果，戦場となったヨーロッパ全土においておびただしい数の子どもが犠牲となった。大戦後には，戦災孤児として生き残った子どもが街頭にあふれた。

このような子どもを救うため，第一次世界大戦後に結成された国際連盟は，1924年9月26日，ジュネーブでの総会において「子どもの権利に関するジュネーブ宣言」（Declaration of the Rights of the Child, 1924）を採択し，国境を越えた子どもの救済活動を展開した。

ジュネーブ宣言は，「人類は，子どもに対して最善のものを与えるべき義務を負う」との基本理念に基づいて，子どもに保障すべき五つの原則*8を定めた。これは，人類史上はじめて国際的に合意され，その後拡充されていく子どもの権利の内容の核となるものである。

第一次世界大戦の惨禍をふまえ，人類は，二度と戦争を起こさないための国際連帯を進めた。しかし，1930年代にはいると，イタリア，ドイツ，日本などにおいてファシズム*9が台頭し，世界は再び戦争への道に追い込まれていった。ヨーロッパと東アジア，西太平洋を主戦場とした第二次世界大戦は，最終兵器である核兵器も使用され，第一次大戦をはるかに上回る犠牲をもたらした。

＊8　五つの原則は次の通りである。

① 子どもは，身体的および精神的両面の正常な発達に必要な手段が与えられなければならない。

② 飢えた子どもは食物が与えられなければならない。病気の子どもは看護されなければならない。発達の遅れた子どもは援助されなければならない。非行を犯した子どもは更生されなければならない。孤児および浮浪児は住居を与えられ，かつ援助されなければならない。

③ 子どもは，危難に際して最初に救済を受ける者でなければならない。

④ 子どもは，生計を立てることができるようにされ，かつ，あらゆる形態の搾取から保護されなければならない。

⑤ 子どもは，その才能が人類同胞のために捧げられるべきであるという自覚のもとで，育てられなければならない。

＊9　ファシズムとは，軍事力を背景に権力統制と対外的な勢力拡張を推し進めた国家主義的政治体制のこと。日本では天皇制国家主義のもとでアジア侵略が行われた。

（４）コルチャックと子どもの権利

ファシズムの嵐のなかで，ポーランドなどで暮らしていたユダヤ系の住民がホロコースト（絶滅作戦）の犠牲となり大量殺戮された事実は，人類の歴史に深く刻み込まれている。そのなかで，ユダヤ系の孤児たちを守りその尊厳を追求し続けた人物がいた。医者であり，作家であり，孤児院の院長でもあったヤヌシュ・コルチャック（Janusz Korczak, 1878-1942）である。最期は孤児たちとともにガス室に消えていったコルチャックの生きざまと思想は，子どもの権利に関する思想的源流のひとつである*[10]。それは，第二次世界大戦後における子どもの権利確立の動きに大きな影響を与えることとなる。

第二次世界大戦後，国際連合が結成され，世界の平和と人権の確立のために多くの人々の努力が注がれた。世界人権宣言もそのような歴史を経て確定されたものである。また，子どもが戦争における一方的被害者であったことをふまえ，1959年11月20日の国連総会において「子どもの権利宣言」（Declaration of the Rights of the Child）が採択された。この宣言は，ジュネーブ宣言の基本理念を受け継ぎながら，その内容を充実させ10項目の原則を掲げた。

しかし，第二次世界大戦後も，朝鮮戦争，ベトナム戦争をはじめ世界各地で戦争が勃発し，そのたびに子どもの生命と生活が脅かされ続けた。先進国においても，核の脅威と環境破壊による不安や恐怖，暴力，麻薬，児童虐待など，多くの子どもが様々な形で犠牲を強いられた。このような状況を背景に，1979年の「国際子ども年」（International Year of the Child）を契機に，各国における子どもの権利保障体制を確保するため，法的拘束力のある条約の作成に向けた活動が展開された。この活動をリードしたのは，コルチャックの思想を受け継いだポーランドであった。

＊10　コルチャックの生涯と思想については，新保庄三『コルチャック先生と子どもたち─ポーランドが子どもの権利条約を提案した理由─』（アイユーピー移動大学出版会，1996），近藤康子『コルチャック先生』（岩波ジュニア新書，1995），近藤二郎『コルチャック先生』（朝日新聞社，1990）など参照のこと。なお，ポーランドの映画監督アンジェイ・ワイダによる映画「コルチャック」（1990年），劇団ひまわり（加藤剛土演）による舞台劇「コルチャック先生」（1995年上演）など注目すべき芸術作品もある。

（5）子どもの権利条約

10年におよぶ審議を経て，1989年11月20日の国連総会において「子どもの権利条約」（Convention on the Rights of the Child：1990年9月2日発効，以下，単に「条約」と略す場合がある）は採択された。条約は，ジュネーブ宣言をはじめとする子どもの権利に関する国際的な宣言，規則等を総集約したものである。また，締約国に対して条約の諸規定の実現に法的な拘束性をもたせるとともに，条約実現のための取り組み状況を定期的に国連子どもの権利委員会に報告する義務を課している。日本では，1994（平成6）年4月に政府がこの条約を批准し，5月22日に発効している。

条約は，ジュネーブ宣言の基本理念「子どもの最善の利益の尊重」を引き継いでいる（前文および第3条）。その上で，子どもを「18歳未満のすべての者」と定義（第1条）し，差別の禁止（第2条），生存権と発達権（第6条），意見表明権（第12条）を一般原則とする[5)] 54条の条文から構成されている。

条約の意義は，まず第一に，子どもを人権の主体として確認したことである。この条約によって，子どもは，大人と対等にその自由と権利，その意見や存在そのものが正当に評価されるべき権利主体として認められたのである。子どもも，ようやく「すべての人間」のなかに正式に含まれたといえる。

条約の第二の意義は，子ども固有の権利を認めたことにある。子どもは，人権において大人と対等の存在であると同時に，大人とは異なる子どもとしての権利を有しているという考え方である。これは，ルソーが『エミール』で提起した子ども観に由来するもので，条約により法的に承認されたといえる。

子ども固有の権利には，例えば親に養育される権利がある。すなわち，子どもは大人の保護がなければその生命・生存さえ確保されない。従来，このことによって，子どもは大人に対して従属的立場を強いられ[*11]，権利における平等性を認められてこなかったといってよい。条約は，これを子どもの固有の権利と捉えている。同時に，これに対応して，父母には子どもに対する「第一次的

＊11　「子供」の「供」には従属的という意味があることから，子どもの権利を尊重する立場の人々の間ではあえてこの漢字を使わず「子ども」と表現することが慣例になっている。

養育責任」（primary responsibility）があり，国には，父母がこの責任を果たしうるよう援助する責任があることを明記している（第18条）。

また，人権と子ども固有の権利の双方にかかわる権利であり一般原則としても規定されたのが「意見表明権」（第12条）である。条約は，子どもが権利において大人と対等であることを認めたとはいえ，子どもの選挙権は認めていない。しかし，子どもが自ら生きている社会づくりに積極的に参加していくことは，社会の一員としての当然の権利である。その意味で，意見表明権は，単に自由にものが言える権利というだけでなく，家庭や施設，学校など自分の所属する社会を作り上げるいとなみに参加する権利であり，選挙権あるいは参政権に代わる権利であると捉えるべきであろう。

さらにこの権利は，原文では 'the right to express those views freely' であり，言葉で表明される意見（opinion）というよりも，心に描く思い（views）を，大人に規制されたり環境や社会的条件などに制約されることなく自由に表現し，それを尊重してもらう権利である。意見表明権は，そのための力量形成の保障を含めて，「思いを自由に表す権利」として捉え直すべきであり*12，特に社会的養護のもとで暮らしている子どもにとって，極めて重要な権利である。

なお，条約第12条は次のような条文である（日本政府訳，以下同様）。

第12条（意見表明権）

1　締結国は，自己の意見を形成する能力のある児童がその児童に影響を及ぼすすべての事項について自由に自己の意見を表明する権利を確保する。この場合において，児童の意見は，その児童の年齢及び成熟度に従って相応に考慮されるものとする。

2　このため，児童は，特に，自己に影響を及ぼすあらゆる司法上及び行政上の手続において，国内法の手続規則に合致する方法により直接に又は代理人若しくは適当な団体を通じて聴取される機会を与えられる。

＊12　条約第12条のこのような捉え方については，国連子どもの権利委員会「一般的見解」第７号「乳幼児期における子どもの権利の履行」が重要な提起をしている。日本語訳は，保育研究所発行「保育の研究」№21，2006年７月に所収（望月他訳）。

3．子どもの社会的養護の本質

（1）子どもの権利擁護（保護）としての社会的養護

子どもが家庭で親といっしょに暮らすことのできない状態を養護問題という。また，そのような状態の子どもを要養護児童という。なお，親といっしょに暮らすことはできるとしても社会的な援助を必要とする子どもを含めて要保護児童という場合がある。子どもの社会的養護は，要養護児童の権利を保障するしくみを中心に，より広く要保護児童の権利を保障するしくみとして捉える必要がある。子どもにとって家庭で親といっしょに暮らすことができないということ自体が深刻な権利の侵害であり，養護問題を未然に防止することは子どもの権利擁護のしくみとしての社会的養護にとって前提的な要素である。

このことに関連して子どもの権利条約は，第18条第2項で，「締約国は，この条約に定める権利を保障し及び促進するため，父母及び法定保護者が児童の養育についての責任を遂行するに当たりこれらの者に対して適当な援助を与えるものとし，また，児童の養護のための施設，設備及び役務の提供の発展を確保する」として，親に対する国の援助責任を規定している。国や自治体の責任において，要養護児童を生み出さないように保育制度など家庭養育を支援する公的制度や事業を整備拡充することは，子どもの社会的養護の基盤に位置づくものである。

また，条約第19条第1項は，国には，児童虐待から「その児童を保護するためすべての適当な立法上，行政上，社会上及び教育上の措置をとる」責任があると規定している。ここでは第2項で，その措置には「防止のための効果的な手続」等が含まれると規定している。親による子どもの人権侵害である児童虐待は，特にその防止のための措置が考慮されなければならないのである。

さらに，条約第9条は「親からの分離禁止」原則を明示している。親子の分離は，「父母が児童を虐待し若しくは放置する場合又は父母が別居しており児童の居住地を決定しなければならない場合のような特定の場合」などに，「権限のある当局が司法の審査に従うことを条件として適用のある法律及び手続に従いその分離が児童の最善の利益のために必要であると決定する場合」にのみ認められると規定している。子どもの権利の観点からは「親からの分離禁止」が原則であり，児童虐待など「特定の場合」に「司法の審査に従うことを条件として」分離が認められるという論理になっている。

子どもが親から分離されないよう家庭支援を行うことは子どもの社会的養護の前提的要素であるが，分離せざるをえない場合には，子どもの最善の利益の観点とともに厳格で適正な手続きに基づいて分離するというその手続きが，子どもの権利としての社会的養護の不可欠の要素である。さらに，分離された場合には，家庭環境の改善をはかり早期に家庭で親子がいっしょに暮らすことができる状況を回復することが子どもの社会的養護の基本目標となる。

条約第20条第1項では，家庭で親といっしょに暮らすことができない子どもは，「国が与える特別の保護及び援助を受ける権利を有する」ことを明記している。また第2項および第3項で，国にはそのための「代替的な監護を確保する」責任があり，そこには，里親委託，養子縁組，「必要な場合には児童の監護のための適当な施設への収容」が含まれるとしている。ここでいう「代替的な監護」（alternative care）が「子どもの最善の利益」を考慮した適正手続きを通して決定されるべきことはいうまでもない。

これらの条項の他，子どもの権利条約には，養子縁組（第21条），障がいをもつ子どもの「特別の養護」（special care）への権利（第23条），性的な搾取および虐待からの保護（第34条），非行少年の適正な取扱い（第37条および第40条），虐待等の犠牲となった子どもの心身の回復と社会復帰の措置に関する原則（第39条）など，子どもの社会的養護に関連する条項が規定されている。また，「思いを自由に表す権利」（第12条）をはじめ，子どもを権利行使の主体として積極的に位置づける条項が要養護児童にも等しく適用されることはいうまでもない。子どもの権利条約によって，子どもの社会的養護は子どもの権利として確定し，子ども固有の権利を含む個人の尊厳と自由を国家が保障するしくみとして整備拡充されるべきものであることが明確になったといえよう。

(2) 子どもの健全育成としての社会的養護

日本における子どもの社会的養護は，児童福祉法 (1947 (昭和22) 年12月12日，法律第164号) に基づいて制度化され運営されている。児童福祉法は，日本国憲法に基づき，特に子どもの福祉に関する基本法的な法律として制定されたものであり，日本国憲法の基本原理のひとつである基本的人権の尊重を前提とした子どもの福祉に関する権利規程に他ならない。

もともと児童福祉法には，子どもの社会的養護をはじめとする子どもの福祉を子どもの権利として明記した条項はない。また，子どもを「育成され」，「愛護され」るべきものと位置づけ (第1条)，保護の対象としてのみ捉えている面もある。それは，当時の子どもの権利思想の発展段階を表すものであるが，同時に，第二次世界大戦による一方的な犠牲者であった子どもを，国の責任において保護しなければならないという真摯な姿勢を表すものでもある。

児童福祉法が子どもを保護の対象としてのみ捉えているという見方も，その成立過程に照らしてみると必ずしも正しくはない。法案の審議が開始された1946 (昭和21) 年10月時点の法案名称は「児童保護法案要綱 (大綱案)」であり，その名称の通り「保護法」案であったが，12月に審議の場が中央社会事業委員会に移され，1947 (昭和22) 年1月2日付で提出された時に「児童福祉法要綱案」と改称されている。さらに1月6日の改正案では冒頭に「児童憲章」の名を冠する次のような前文が挿入されていた。

> 第一　すべて児童は，歴史の希望として，心身ともに健やかに育成されなければならないこと。
> 第二　児童の保護者は，その児童を心身ともに健やかに育成する第一の責任を負うこと。
> 第三　国及び公共団体は，保護者が第二の責任を遂行するのにさまたげとなる因子を排除し，この保護者の責任遂行を積極的に助長し又は必要があるときは，保護者に代り児童を心身ともに健やかに育成する責任を負うこと。

ここには，「保護法」から「福祉法」への転換と同時に，戦争で荒廃した国土の復興と平和な社会の形成を希求する国民の願いが「歴史の希望」としての子どもに託されている[6)]。すべての子どもが平和のもとで健やかに育つことのできる社会を形成し，子どもに提供することは親や国民さらに国や地方公共団体の責任であるが，同時に，子ども自身もまたそのような社会の形成者として育ってほしいという願いを読み取ることができる。その意味では，子どもは単なる保護の対象ではなく，歴史を築く主体としても期待されているといえる。

児童福祉法は，すべての子どもの健全育成を基本理念としている。要保護児童の保護に関する制度や行政,実践もこの理念に基づいて運用される。したがって，児童福祉法に基づく子どもの社会的養護のいとなみは，国の制度として，直接的な子どもの健全育成責任を行使することが困難な親を支援し，一時的または部分的にそれを補完し，あるいは親の役割を代替する子どもの健全育成のいとなみである（図1-3参照）。

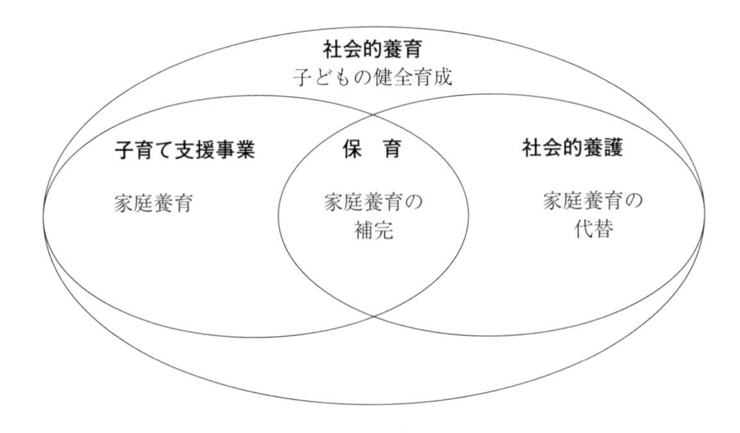

図1-3　社会的養護の構造

その際，何をもって「健全」と考えるかは，育成責任を有する親や国またはその責任の実施機関である法人等の恣意的な判断で決められるべきではない。それは，人権思想の発展や子どもの発達に関する科学，そしてその国や地域の歴史に裏付けられた価値観に基づいて決められるべきである。そのこと自体が，日本国憲法のもとで戦後第1号の社会福祉関連法として制定された児童福祉法における子どもの健全育成の理念に内包されているのである。

（3）子どもの自立支援としての社会的養護

1990年代後半から進められた社会福祉改革のなかで，「保護から自立支援への転換」が改革の基本理念として提示された。この流れのなかで，1997（平成9）年に児童福祉法第50次改正が行われた。この改正で，第41条の児童養護施設の目的に「自立を支援すること」が追加された*13。また，第44条の教護院は児童自立支援施設へと名称変更され，児童養護施設と同様にその目的に「自立を支援すること」が追加された。児童福祉法に基づく事業のあり方全体において「保護から自立支援への転換」がめざされたのである。

すでに述べたように，1947（昭和22）年に成立した児童福祉法は「すべての子どもの健全育成」を基本理念としている。これは，戦前の児童保護事業が一部の要保護児童に対する救済保護を基本理念としていたことに対する大きな転換であった。その意味で，1997（平成9）年の児童福祉法改正で「保護からの脱却」をいうのは歴史的経過から見れば国の認識が誤っている。しかし，戦後50年間にわたる国や自治体の児童福祉行政，民間の児童福祉事業に，依然として戦前の救済保護的観念から脱し切れていない面があることは事実である。「保護から自立支援への転換」はそうした実態を反映したものであるといえよう。

この法改正で新たに付加された「自立支援」について，法改正に関連して通知された，1998（平成10）年2月24日付厚生省児童家庭局長通知「児童養護施設等における児童福祉法等の一部を改正する法律の施行に係る留意点について」（児発第95号）では，児童養護施設における「自立の支援とは，施設内において入所児童の自立に向けた指導を行うことの他，入所児童の家庭環境の調整や退所後も必要に応じて助言等を行うこと等を通じ，入所児童の家庭復帰や社会的自立を支援することをいう」と説明している。従来から行われている生活指導等に加え，家庭環境の調整や退所後の助言（アフターケア）等についてこれまで以上に取り組むことを指しているといえる。

また，1998（平成10）年に発行された厚生省児童家庭局家庭福祉課監修によ

＊13　なお本条のこの箇所は，2004（平成16）年の法改正で「退所した者に対する相談その他の自立のための援助を行うこと」に変更されている。

る『児童自立支援ハンドブック』（日本児童福祉協会）によると，1997（平成９）年の児童福祉法改正では，特に要保護児童施策について「保護から自立支援へという基本理念の転換」が行われたとした上で，その「自立支援」について次のように説明している[7)]。

> 児童の自立を支援していくとは，一人ひとりの児童が個性豊かでたくましく，思いやりのある人間として成長し，健全な社会人として自立した社会生活を営んでいけるよう，自主性や自発性，自ら判断し決定する力を育て，児童の特性と能力に応じて基本的生活習慣や社会生活技術（ソーシャルスキル），就労習慣と社会規範を身につけ，総合的な生活力が習得できるよう支援していくことである。

また，特に施設入所児童の「自立支援」について次のように説明している[8)]。

> 自立支援とは，児童が社会人として自立して生活していくための総合的な生活力を育てることであり，基本的生活習慣の習得や職業指導だけを意味するものではない。自立とは孤立ではなく，必要な場合に他者や社会に援助を求めることは自立の不可欠の要素であるから，依存を排除しているものでもない。むしろ発達期における十分な依存体験によって育まれた他者と自己への基本的信頼感は，社会に向かって巣立っていくための基盤となるものである。

これらの説明によれば，「自立支援」とは，一口で言えば「総合的な生活力が習得できるよう支援していくこと」である。したがって，「自立」とは「総合的な生活力の習得」であると考えられる。また，「総合的な生活力」の要素として，自主性，自発性，自己決定力および基本的生活習慣や社会生活技術（ソーシャルスキル），就労習慣と社会規範が挙げられている。とくに施設入所児童にとっては，この他に「十分な依存体験によって育まれた他者と自己への基本的信頼感」も重要な要素であることが示されている。これらの要素は，今後における児童養護施設において重視されるべき実践目標として無視できない理念であるといえよう。

ところで，従来児童養護施設や教護院（現・児童自立支援施設）においては，家庭引き取りが見込めず施設からそのまま社会に巣立つこと，すなわち中学あるいは高校を卒業して施設を退所することが「自立」と称されてきた。15歳ないし18歳の子ども・青年が，いざというときに頼れる保護者や家族がいないまま社会の荒波にひとり立ち向かうことは決して容易なことではない。また，被虐待経験に起因するトラウマを抱えていたり，あるいは軽度の知的障がいや発達障がいをもっていることなどにより人間関係づくりが困難な子ども・青年の場合には，施設を退所することがそのまま「自立」に結びつくものでないことはいうまでもない。

児童福祉法は，2016（平成28）年に大改正され，第1条に「全て児童は，児童の権利に関する条約の精神にのつとり（中略）その心身の健やかな成長及び発達並びにその自立が図られることその他の福祉を等しく保障される権利を有する」という条文が新設された。すなわち，「子どもの権利としての自立」支援が児童福祉の基本理念として明記されたといえる。したがって，児童福祉とりわけ子どもの社会的養護の基本理念において，子どもの権利を保障する立場からの「自立」と「自立支援」のあり方が改めて問われているのである[9]。

（望月　彰）

■引用文献

1）社会保障審議会児童部会児童虐待等要保護事例の検証に関する専門委員会第8次報告「子ども虐待による死亡事例等の検証結果等について」2012年7月
2）フィリップ・アリエス『子供の誕生』みすず書房，1981
3）エレン・ケイ『子どもの世紀』1900（児童問題史研究会監修：日本児童問題文献選集27，日本図書センター，1985所収）
4）中野光『大正自由教育の研究』黎明書房，1968
5）国連子どもの権利委員会「子どもの権利条約履行の措置に関する『一般的見解』第5号」2003
6）松崎芳伸『児童福祉法』日本社会事業協会，1948
7）厚生省児童家庭局家庭福祉課監修『児童自立支援ハンドブック』日本児童福祉協会，p. 17，1998
8）前掲書7），p. 18
9）望月彰『自立支援の児童養護論』ミネルヴァ書房，2004参照

第2章 日本における社会的養護のしくみ

1．児童福祉法と社会的養護の制度

（1）児童福祉法の根幹―措置制度―

なんらかの理由で保護者が養育できない，あるいは保護者の養育に委ねることができない子どもを「要保護児童」という。そして，要保護児童のために社会が用意する養護の体系が「社会的養護」である。

社会福祉基礎構造改革の影響で，日本の多くの社会福祉分野において「措置から契約へ」というサービスシステム上の抜本的な変化があった。行政が行政処分によりサービス内容を決定する「措置制度」から，利用者が事業者と対等な関係に基づきサービスを選択する「利用制度」へと転換が図られたのである。

しかし，社会的養護に関する制度については「措置制度」が存続することとなり，社会的養護の分野には「措置」の概念が残されることとなった。

なぜ，他の分野には残されなかった「措置」が，社会的養護に関しては残されることになったのであろうか。この背景を知るために，ここではまず児童福祉法に残された「措置」の概念について確認することからはじめていきたい。

児童福祉法の第2章第6節（第25条～第33条の9の2）は「要保護児童の保護措置等」に関する条文である。この部分では，児童福祉法の根幹をなす，「措置」に関する規定がなされている。この中で，第27条は「都道府県の採るべき措置」に関する条文となっている。

児童福祉法第27条　都道府県は，前条第1項第1号の規定による報告又は少年法第18条第2項の規定による送致のあつた児童につき，次の各号のいずれかの措置を採らなければならない。

1　児童又はその保護者に訓戒を加え，又は誓約書を提出させること。

2　児童又はその保護者を（中略）児童福祉司，知的障害者福祉司，社会福祉主事，児童委員若しくは当該都道府県の設置する児童家庭支援センター若しくは当該都道府県が行う障害者等相談支援事業に係る職員に指導させ，又は市町村，当該都道府県以外の者の設置する児童家庭支援センター，当該都道府県以外の障害者等相談支援事業を行う者若しくは前条第1項第2号に規定する厚生労働省令で定める者に委託して指導させること。

3　児童を小規模住居型児童養育事業を行う者若しくは里親に委託し，又は乳児院，児童養護施設，障害児入所施設，児童心理治療施設若しくは児童自立支援施設に入所させること。

4　家庭裁判所の審判に付することが適当であると認める児童は，これを家庭裁判所に送致すること。

この条項の前にある第26条第1項第1号では，児童相談所長の採るべき措置として「次条の措置を要すると認める者は，これを都道府県知事に報告すること」とされている。行政機関としての児童相談所が行う第27条の措置は，都道府県知事の権限の下に実施されていることを確認しておきたい。

上記の第27条第1項第3号は，児童相談所の報告をふまえて都道府県が行う，社会的養護の施設等への措置について規定した部分である。この措置について，第27条第4項では親権者等の意に反して行うことができないと規定されている。そのため，児童相談所は子どもや親権者等の意見を聞きながら，適切な措置を選択するためのケースワークを行う。

ところが，親が措置に同意しない場合も存在する。例えば，児童相談所が親の養育を「虐待」であると見なし，子どもを守るためには家族分離が必要と判断する場合がある。しかし，措置に同意すれば自らの虐待を認めることにもつながることから，親が同意しない場合も少なくない。このような場合，家庭裁判所の承認があれば，都道府県は親権者等の意志を超えて措置を行うことができることが児童福祉法第28条に規定されている。

児童福祉法第28条　保護者が，その児童を虐待し，著しくその監護を怠り，その他保護者に監護させることが著しく当該児童の福祉を害する場合において，第27条第1項第3号の措置を採ることが児童の親権を行う者又は未成年後見人の意に反するときは，都道府県は，次の各号の措置を採ることができる。

1　保護者が親権を行う者又は未成年後見人であるときは，家庭裁判所の承認を得て，第27条第1項第3号の措置を採ること。

2　保護者が親権を行う者又は未成年後見人でないときは，その児童を親権を行う者又は未成年後見人に引き渡すこと。ただし，その児童を親権を行う者又は未成年後見人に引き渡すことが児童の福祉のため不適当であると認めるときは，家庭裁判所の承認を得て，第27条第1項第3号の措置を採ること。

さらに児童相談所長は，親権者が親権を濫用したり，著しく不行跡である場合には親権喪失等の審判の請求を行う権限（第33条の7）をも有している。

（2）パレンス・パトリエと子どもの権利擁護

こういった強い権限を都道府県および児童相談所が持つのは，いったいどのような理由によるものなのだろうか。

柏女霊峰は，子どもの権利保障の系譜を紹介する論文[1)]の中で，「パレンス・パトリエ（parens patriae＝国親）」の概念に言及している。「パレンス・パトリエ」とは，ラテン語で「国民の父親」という意味である。子ども家庭福祉における「パレンス・パトリエ」は，「親によって保護と救済が十分に受けられない児童を，国家が親に代わって保護と救済を行うという考え方」のことである。

ここで，パレンス・パトリエ概念の必要性を，子どもの権利擁護（第11章参照）という側面から見てみよう。1994（平成6）年に日本でも批准された児童の権利に関する条約（以下，子どもの権利条約）第12条に，子どもの意見表明権に関する規定がある（条文 p. 11参照）。

ここでは，「児童の意見は，その児童の年齢及び成熟度に従って相応に考慮される」という「発達的視点」が採られている。なぜならば，子どもは発達途上もしくは発達過程にある存在であるため，権利行使の主体としては弱い立場におかれる時期が必然的に付随することとなるからである。

したがって，このような期間であっても保護者以外の者が保護者からの虐待や不適切な養育を受けた子どもを守ることができるように，児童福祉法にはパレンス・パトリエの概念を背景とした措置の概念が残されているのである。

ところが，国・都道府県・児童相談所が「国親」としての権限を行使して家族に介入した場合，往々にして保護者との対立が生じることとなる。児童相談所の介入によって，子どもが生みの親から引き離されてしまうことも少なくない。それが生涯にわたる親子分離の契機となることもある。

児童相談所は親子分離の契機ともなる「介入」と親子関係や親の養育力改善に対する「援助」という二つの――ある場合には矛盾することもある――役割を持っているが，この「介入」と「援助」のバランスをどのように図るかが大きな課題となっている。

(3) 社会的養護の概況

子どもの社会的養護は，「家庭養護」と「施設養護」とに大別することができる。

家庭養護は，一般家庭において要養護児童の養護を行う形態であり，里親がその代表的制度である。施設養護は，戦前からの日本における児童養護の中心的形態であり，乳児院，児童養護施設，児童自立支援施設等の施設において要保護児童の養護を行う形態である。

ここでは表2-1をもとに，社会的養護の全体像を概説していこう。

里親制度の現況は，登録里親数11,405世帯に対して，実際に委託を受けている里親は4,038世帯，委託児童数は5,190人となっている。

一方，施設養護の入所児童現員をみていくと，乳児院が2,801人，児童養護施設が26,449人，児童心理治療施設が1,399人，児童自立支援施設が1,395人，母子生活支援施設が5,479人，自立援助ホームが516人で，合計すると38,039人となる。社会的養護の下で暮らす子ども約43,300人の内の約9割が施設で暮らしていることとなる。

後述するように，日本の社会的養護は「家庭養護」を主とする方向性にシフトしており，「施設養護」の形態も従来中心的な形態であった「大舎制」から，小規模グループケアや地域小規模児童養護施設などの「家庭的養護」への変更が進められている。

表2-1　社会的養護の現状について[2)]

里親	家庭における養育を里親に委託		登録里親数	委託里親数	委託児童数
			11,405世帯	4,038世帯	5,190人
	区分（里親は重複登録有り）	養育里親	9,073世帯	3,180世帯	3,943人
		専門里親	689世帯	167世帯	202人
		養子縁組里親	3,798世帯	309世帯	301人
		親族里親	526世帯	513世帯	744人

ファミリーホーム	養育者の住居において家庭養護を行う（定員5～6名）	
	ホーム数	313か所
	委託児童数	1,356人

施設	乳児院	児童養護施設	児童心理治療施設	児童自立支援施設	母子生活支援施設	自立援助ホーム
対象児童	乳児（特に必要な場合は，幼児を含む）	保護者のない児童，虐待されている児童その他環境上養護を要する児童（特に必要な場合は，乳児を含む）	家庭環境，学校における交友関係その他の環境上の理由により社会生活への適応が困難となった児童	不良行為をなし，又はなすおそれのある児童及び家庭環境その他の環境上の理由により生活指導等を要する児童	配偶者のない女子又はこれに準ずる事情にある女子及びその者の監護すべき児童	義務教育を終了した児童であって，児童養護施設等を退所した児童等
施設数	138か所	615か所	46か所	58か所	232か所	143か所
定員	3,895人	32,605人	2,049人	3,686人	4,779世帯	934人
現員	2,801人	26,449人	1,399人	1,395人	3,330世帯 児童5,479人	516人
職員総数	4,793人	17,137人	1,165人	1,743人	2,080人	604人

小規模グループケア	1,341か所
地域小規模児童養護施設	354か所

※里親数，ファミリーホーム（FH）数，委託児童数，乳児院・児童養護施設の施設数・定員・現員は福祉行政報告例（平成29年3月末現在）
※施設数*，ホーム数（FH除く），定員*，現員*，小規模グループケア，地域小規模児童養護施設のか所数は家庭福祉課調べ（平成28年10月1日現在）（*乳児院・児童養護施設除く）
※職員数（自立援助ホームを除く）は，社会福祉施設等調査報告（平成28年10月1日現在）
※自立援助ホームの職員数は家庭福祉課調べ（平成28年3月1日現在）
※児童自立支援施設は，国立2施設を含む

2．児童相談所の役割と社会的養護への経路

（1）児童相談所の役割

児童相談所は，児童福祉法第12条などに基づき都道府県および政令指定都市に設置が義務付けられており，2018（平成30）年10月現在全国に212か所設置されている。

児童相談所の業務内容は，市町村における児童家庭相談の支援に加え，「児童に関する家庭その他からの相談のうち，専門的な知識及び技術を必要とするものに応ずること」，「児童及びその家庭につき，必要な調査並びに医学的，心理学的，教育学的，社会学的及び精神保健上の判定を行うこと」，これらの調査や判定に基づいて「児童及びその保護者に必要な指導を行うこと」，「児童の一時保護を行うこと」，そして里親に対する援助とされている（児童福祉法第11条第1項第2号）。

2005（平成17）年4月の改正児童福祉法施行により，児童家庭相談に関する市町村の役割が強化され，児童相談所との役割分担のもとでそれらの業務が遂行されることとなった。すなわち，まず第一に児童家庭相談に応じることが市町村の業務として法律上明確化され，虐待の未然防止や早期発見等の取り組みを積極的に行うこととなった。都道府県および児童相談所の役割は，専門的な知識および技術を必要とするケースへの対応や市町村の後方支援に重点化されることとなった。また，2016（平成28）年の児童福祉法改正で，この役割分担がより明確化された。

（2）児童相談所から社会的養護への経路

図2－1は「児童相談所における相談援助活動の体系・展開」を図式化したものである。面接・電話・文書によって受け付けられた相談・通告・送致は，主たる担当者，調査や診断の方針，安全確認の時期や方法，一時保護の要否等を検討するための「受理会議」にかけられる。

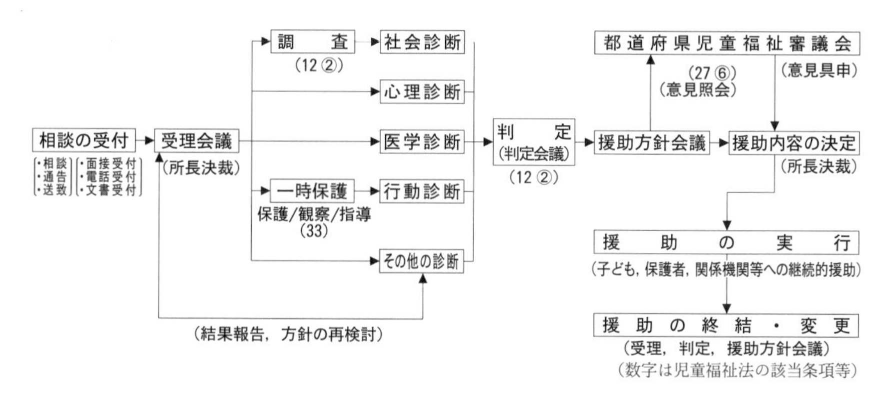

図２−１　児童相談所における相談援助活動の体系・展開[3)]

その後，各ケースの必要性に応じて主に児童福祉司・相談員等によって行われる調査に基づいた「社会診断」，児童心理司等による「心理診断」，医師による「医学診断」，一時保護部門の担当職員（児童指導員・保育士）による「行動診断」，「その他の診断」（理学療法士によるもの等）がなされる。

社会診断，心理診断，医学診断，行動診断，その他の診断の結果は「判定会議」にかけられ，子どもの援助指針が立案される。援助指針の立案にあたっては，可能な限り子ども自身や保護者等の意見を取り入れながら行われることが望ましいとされている。

援助方針会議では，表２-２のいずれかの援助内容が決定される。援助方針の決定にあたっては，必要に応じて都道府県児童福祉審議会への諮問が行われる。決定された援助が実行されると，その後は児童，保護者，関係機関等への継続的な支援がなされていく。新たな問題が生じた場合は，必要に応じて援助方針会議が再度行われ，援助内容の見直しがなされる。子どもと家族が児童相談所の対応が必要ない状況に到った時をもって，援助は終結されることとなる。

図２-２は「市町村・児童相談所における相談援助活動系統図」である。相談や通告，そして措置や送致先と児童相談所との関係が図式化されたものである。児童相談所の活動は，多くの関係機関との連携のもとに進められている。

表２－２　援助方針会議で決定される援助内容[4)]

援　助	
1　在宅指導等 (1) 措置によらない指導（12②） 　ア　助言指導 　イ　継続指導 　ウ　他機関あっせん (2) 措置による指導 　ア　児童福祉司指導（26①Ⅱ，27①Ⅱ） 　イ　児童委員指導（26①Ⅱ，27①Ⅱ） 　ウ　市町村指導(26①Ⅱ，27①Ⅱ) 　エ　児童家庭支援センター指導（26①Ⅱ，27①Ⅱ） 　オ　知的障害者福祉司，社会福祉主事指導（27①Ⅱ） 　カ　障害児相談支援事業を行う者の指導（26①Ⅱ，27①Ⅱ） 　キ　指導の委託(26①Ⅱ，27①Ⅱ)	(3) 訓戒，誓約措置（27①Ⅰ） **2　児童福祉施設入所措置**（27①Ⅲ） **指定発達支援医療機関委託**（27②） **3　里親，小規模住居型児童養育事業委託措置**（27①Ⅲ） **4　児童自立生活援助の実施**（33の６①） **5　市町村への事案送致**（26①Ⅲ） **福祉事務所送致，通知**（26①Ⅲ，附則63の４，附則63の５） 都道府県知事，市町村長報告，通知（26①Ⅴ，Ⅵ，Ⅶ，Ⅷ） **6　家庭裁判所送致**（27①Ⅳ，27の３） **7　家庭裁判所への家事審判の申立て** 　ア　施設入所の承認（28①②） 　イ　親権喪失等の審判の請求又は取消しの請求（33の７） 　ウ　後見人選任の請求（33の８） 　エ　後見人解任の請求（33の９）

（数字は児童福祉法の該当条項等）

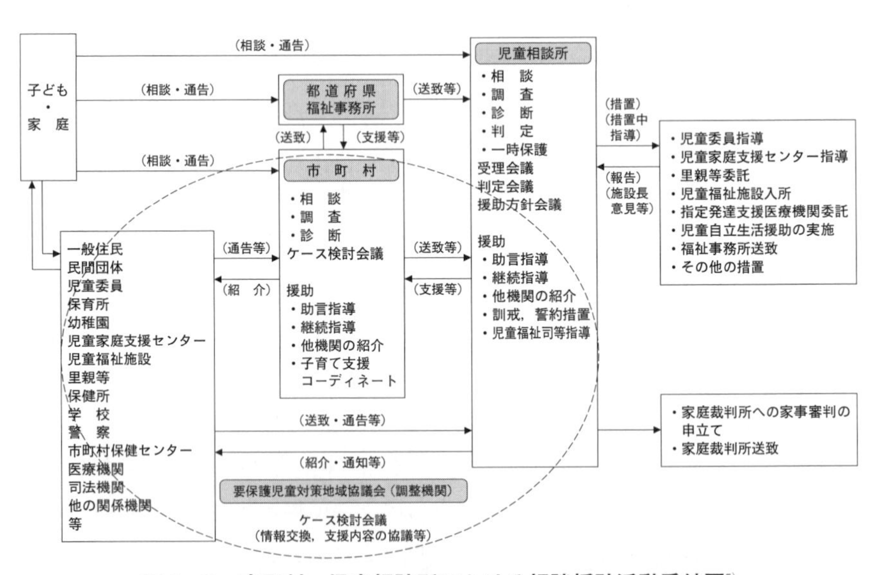

図２－２　市町村・児童相談所における相談援助活動系統図[5)]

3．アドミッションケアとインケア

（1）施設および里親への措置

児童養護施設等に措置されることとなる子どもたちの多くは，措置先が決定するまでの期間，児童相談所に付設されている一時保護所において生活する。

この間に，一時保護所の担当職員(児童指導員・保育士)による行動診断や，児童心理司による心理診断，医師による医学診断等が行われる。児童福祉司は自らの社会診断の結果と，これらのスタッフからの情報が集約される判定会議での議論をふまえながら，その子どもに最適な措置先を考えることとなる。

子どもを連れて施設や里親宅に見学に行き，子ども自身の意見も取り入れる等，様々な工夫もなされている。また，施設サイドや里親サイドの意向も，措置先を選定する上での重要な要因となる。児童福祉司は，これらをふまえて，一人ひとりの子どもに対する援助指針を作成する。

措置先の決定にあたって児童福祉司が注意しているのは，援助指針の永続性（パーマネンシー）をどのようにして確保するかという点である。児童福祉司は，子どもの最善の利益(子どもの権利条約第3条)を考慮して，子どもが最も落ち着いて暮らすことができ，その発達が保障される方法を見立てていく。

要保護児童の措置を考える場合，その子どもを取り巻く重要な他者や安全で安心できる環境が頻繁に変更されることがないように，その永続性に配慮しながら援助指針を立案せねばならない。例えば，再び家族と共に生活できる可能性が低く，個別的なケアが必要な子どもには，里親委託や児童養護施設入所措置も想定して，援助指針を立案していくこととなる。児童福祉施設の種別は多様に存在するため，当該児童またはその保護者の意見を尊重しつつ，当該児童にふさわしい種別および特定の具体的な施設を選択するのである。

（2）アドミッションケア

特に児童福祉施設に入所する場合，施設入所の前後に，施設職員が児童福祉司と連携して入所児童に対して行う特別な配慮をアドミッションケアという。前述の通り，何らかの理由で親と分離された子どもたちの多くは，まず児童相談所一時保護所で生活し，施設入所措置が決まればその後施設で暮らすこととなる。短期間に2回も居場所が変わり，さらに転校等で親しかった友人たちとも離れざるを得ないという事態は，子どもの心身に大きな負担をかける。

アドミッションケアの段階において施設職員は，十分な説明による入所児童の施設生活上の不安や疑問点の解消（インフォームドコンセント），他の入所児童との関係形成の支援，入所に至る経緯の把握による子ども理解等を行い，子どもの心身の負担を軽減するための配慮を行う。

（3）アセスメントと自立支援計画の策定

乳児院，母子生活支援施設，児童養護施設，児童心理治療施設および児童自立支援施設の施設長には，入所児童等に対して計画的な自立支援を行うため，個々の入所児童等に対する「自立支援計画」を策定することが義務づけられている。児童相談所の援助指針に従って入所児童の養護を行った後，施設において改めてアセスメントを行い，「自立支援計画」を作成する。入所後3か月を目途に作成することが望ましいとされている[6)]。

「自立支援計画」は，保育所保育指針における「指導計画」に相当するものである。「指導計画」は3歳未満児について個別的な計画を立案する等とされているが，施設養護における「自立支援計画」は子ども本人・家庭・地域それぞれに対する支援の長期目標と短期目標が挙げられており，さらに各支援上の課題の支援目標・支援内容と方法が記載されている（p.30，31参照）。

（4）インケア

「自立支援計画」をふまえながら，子ども一人ひとりの日々の生活を支えるために行われる養護実践の総体をインケアと呼ぶ。社会的養護を必要とする子どもたちが入所前に暮らしていた家庭には，不適切な養育や虐待が存在することも多い。安全で安心できる環境下で暮らすこと，定期的に入浴して清潔な衣服で生活すること，温かく栄養に富んだ食事を摂ること，太陽の匂いを吸い込んだ布団で保育者の温もりを感じながら寝ること，大人との会話を楽しみながら生活すること等の基本的な生活経験ができなかった子どもも少なくない。

施設の職員は，そういった「当たり前」の環境をまず子どもたちに提供しながら，子どもたちが「生きること」を楽しみながら生活できるよう細やかな配慮を積み重ねていく。

4．リービングケアとアフターケア

（1）家庭復帰が可能な子どもたちへのリービングケアとアフターケア

リービングケアとは，施設からの退所に向けて行われる子どもへの支援である。特に，家族関係の調整によって家庭復帰を望むことができる子どもたちへの支援については，家庭支援専門相談員（ファミリーソーシャルワーカー）が大きな役割を担っている。家庭支援専門相談員は，児童養護施設・乳児院・児童心理治療施設・児童自立支援施設の全施設に2004（平成16）年度から配置されている。家庭支援専門相談員は，児童相談所をはじめとする関係機関と連携を図りながら，児童福祉施設の入所前から退所後に至る総合的な家族調整を担っている。

具体的な支援内容としては，家族療法等の手法を用いた家族関係調整，施設内の宿泊施設を利用した家族再統合促進プログラムの実施，そして家庭復帰を目標とした子どもの帰宅訓練等が挙げられる。

アフターケアとは，施設入所児童が施設を退所した後も引き続き行われる支援のことである。子どもを家庭に戻すことができても，継続的な支援が必要になるケースは多い。入所していた施設における担当職員や家庭支援専門相談員によるフォローアップ，児童相談所児童福祉司による通所および訪問指導，また，保育所や学校，主任児童委員，市町村要保護児童対策地域協議会など様々なネットワークの中での見守りおよび支援が，子どもの退所後も継続されていく。

自立支援計画票（記入例）[7]

施設名　□□児童養護施設

フリガナ 子ども氏名	ミ　ライ　コウ　タ 未　来　幸　太	性別	○男 女	生年月日	○年○月○日（11歳）
保護者氏名	ミ　ライ　リョウ 未　来　良	続柄	実父	作成年月日	×年×月×日
主たる問題	被虐待経験によるトラウマ・行動上の問題				
本人の意向	母が自分の間違いを認め，謝りたいといっていると聞いて，母に対する嫌な気持ちはもっているが，確かめてみてもいいという気持ちもある。早く家庭復帰をし，出身学校に通いたい。				
保護者の意向	母親としては，自分のこれまで行ってきた言動に対し，不適切なものであったことを認識し，改善しようと意欲がでてきており，息子に謝り，関係の回復・改善を望んでいる。				
市町村・学校・保育所・職場などの意見	出身学校としては，定期的な訪問などにより，家庭を含めて支援をしていきたい。				
児童相談所との協議内容	入所後の経過（3ヶ月間）をみると，本児も施設生活に適応し始めており，自分の問題性についても認識し，改善しようと取り組んでいる。母親も，児相の援助活動を積極的に受け入れ取り組んでおり，少しずつではあるが改善がみられるため，通信などを活用しつつ親子関係の調整を図る。				

【支援方針】本児の行動上の問題の改善及びトラウマからの回復を図ると共に，父親の養育参加などによる母親の養育ストレスを軽減しつつ養育方法について体得できるよう指導を行い，その上で家族の再統合を図る。

第○回　支援計画の策定及び評価　　次期検討時期：　△年　△月

子ども本人

【長期目標】盗みなどの問題性の改善及びトラウマからの回復

	支援上の課題	支援目標	支援内容・方法	評価(内容・期日)
【短期目標（優先的重点的課題）】	被虐待体験やいじめられ体験により，人間に対する不信感や恐怖感が強い。	職員等との関係性を深め，人間に対する信頼感の獲得をめざす。トラウマ性の体験に起因する不信感や恐怖感の軽減を図る。	定期的に職員と一緒に取り組む作業などをつくり，関係性の構築を図る。心理療法における虐待体験の修正。	年　月　日
	自己イメージが低く，コミュニケーションがうまくとれず，対人ストレスが蓄積すると，行動上の問題を起こす。	得意なスポーツ活動などを通して自己肯定感を育む。また，行動上の問題に至った心理的な状態の理解を促す。	少年野球チームの主力選手として活動する場を設ける。問題の発生時には認知や感情の丁寧な振り返りをする。	年　月　日
		他児に対して表現する機会を与え，対人コミュニケーション機能を高める。	グループ場面を活用し，声かけなど最上級生として他児への働きかけなどに取り組ませる。	年　月　日
	自分がどのような状況になると，行動上の問題が発生するのか，その力動が十分に認識できていない。	自分の行動上の問題の発生経過について，認知や感情などの理解を深める。また，虐待経験との関連を理解する。	施設内での行動上の問題の発生場面状況について考えられるよう，丁寧にサポートする。	年　月　日

家庭（養育者・家族）

【長期目標】 母親と本児との関係性の改善を図ると共に，父親，母親との協働による養育機能の再生・強化を図る。また，母親が本児との関係でどのような心理状態になり，それが虐待の開始，及び悪化にどのように結びついたのかを理解できるようにする。

	支援上の課題	支援目標	支援内容・方法	評価(内容・期日)
【短期目標（優先的重点的課題）】	母親の虐待行為に対する認識は深まりつつあるが，抑制技術を体得できていない。本児に対する認知や感情について十分に認識できていない。	自分の行動が子どもに与える（与えた）影響について理解し，虐待行為を回避・抑制のための技術を獲得する。本児の成育歴を振り返りながら，そのときの心理状態を理解する。そうした心理と虐待との関連を理解する。	児童相談所における個人面接の実施(月2回程度)	年　月　日
	思春期の児童への養育技術(ペアレンティング)が十分に身に付いていない。	思春期児童に対する養育技術を獲得する。	これまで継続してきたペアレンティング教室への参加（隔週）	年　月　日
	父親の役割が重要であるが，指示させたことは行うもののその意識は十分ではない。	キーパーソンとしての自覚を持たせ，家族調整や養育への参加意欲を高める。母親の心理状態に対する理解を深め，母親への心理的なサポーターとしての役割を取ることができる。	週末には可能な限り帰宅し，本人への面会や家庭における養育支援を行う。児童相談所での個人及び夫婦面接（月1回程度）。	年　月　日

地域（保育所・学校等）

【長期目標】 定期的かつ必要に応じて支援できるネットワークの形成（学校，教育委員会，主任児童委員，訪問支援員，警察，民間団体，活動サークルなど）

	支援上の課題	支援目標	支援内容・方法	評価(内容・期日)
【短期目標】	サークルなどへの参加はするようになるものの，近所とのつきあいなどはなかなかできず，孤立ぎみ。	ネットワークによる支援により，つきあう範囲の拡充を図る。	主任児童委員が開催しているスポーツサークルや学校のPTA活動への参加による地域との関係づくり。	年　月　日
	学校との関係性が希薄になりつつある。	出身学校の担任などと本人との関係性を維持，強化する。	定期的な通信や面会などにより，交流を図る。	年　月　日

総　合

【長期目標】 地域からのフォローアップが得られる体制のもとでの家族再統合もしくは家族機能の改善

	支援上の課題	支援目標	支援内容・方法	評価(内容・期日)
【短期目標】	母親と本人との関係が悪く，母子関係の調整・改善が必要。再統合が可能かどうかを見極める必要あり。	母子関係に着目するとともに，父親・妹を含めた家族全体の調整を図る。	個々の達成目標を設け，適宜モニタリングしながら，その達成にむけた支援を行う。	年　月　日
			通信などを活用した本人と母親との関係調整を図る。	年　月　日

【特記事項】 通信については開始する。面会については通信の状況をみつつ判断する。

(2) 家庭復帰が困難な子どもたちへのリービングケアとアフターケア

家庭復帰の見込みがなく，施設等から社会へ出なければならない子どもたちも少なくない。「分園型自活訓練事業」は，施設退所後に進学や就職といった形で社会的自立をめざしている子どもたちを対象に，地域における一人暮らしと同様の生活体験ができるように実施されているリービングケアである。

大舎制中心の時代から中・小舎制の施設が増えている今日ではあるが，それでも児童福祉施設における集団生活の中では，食事もあらかじめ調理されたものを食べることが多く，また生活スケジュールにもある程度の枠がある。しかし自活訓練では，施設近隣に借りた民家等で，就寝や起床の時間を自己管理したり，自分ひとりのために食事を準備したり，家賃・光熱費・食費・通信費・娯楽費等のバランスを考えつつ限られた予算内で生活するといった経験をする。与えられた施設生活ではなく，自らを律する「自律」した生活の中で，子どもたちはそれぞれの具体的な自立生活のイメージを作っていく。

子どもがスムーズに施設退所後の生活に移行できるよう，施設ではリービングケアに関する様々な工夫が行われている。しかしながら，近年は施設退所後，18歳を超えても引き続き自立の課題を抱え続けている若者が増えつつある。

日本がかつて体験したことのない産業構造の変化と経済の低成長時代を迎える中，児童福祉施設から社会へ出なければならない子どもたちに対するアフターケアはとりわけ重要な課題となってきている。

「児童自立生活援助事業」は，アフターケアの主要な施策のひとつである。本事業は，義務教育終了後，児童養護施設や児童自立支援施設等を退所して就職する子どもたちに対し，入所定員5～20名程度の「自立援助ホーム」において相談その他の日常生活上の援助および生活指導を行うことにより，子どもの自立支援を図ることを目的としている。

自立援助ホームには，義務教育終了と同時に施設を退所した子どもだけでなく，高校中退あるいは高校卒業後であっても，社会に出て一人暮らしをはじめたがうまくいかずに行き場がなくなった若者など，様々な逆境に身を置く若者たちも入ってくる。入所した子ども・若者たちは，自分にふさわしい仕事や居場所を探しながら，それぞれが納得できる「自立」のあり方を模索していく。

5．社会的養護の課題

（1）アフターケア関連施策のさらなる充実

前節にて論及した「児童自立生活援助事業」以外にも，「退所児童等アフターケア事業」「身元保証人確保対策事業」等，施設退所児童に対するアフターケア施策は徐々に充実していきつつあり，また施設出身者の当事者による自助活動も広がりをみせている。しかしながら，例えば児童養護施設入所児童の大学等進学率は2016（平成28）5月時点の前年度実績において在籍児および退所児の合算値で12.4％と全国平均の52.2％を大きく下回っているなど，限られた選択肢の中で自立を模索せざるを得ない子どもたちの現状は改善されてはいない。

「学歴の向上＝自立支援」とは必ずしも言えない。しかし，人格形成上重要な時期である子ども期に虐待を受けたり，家族と離れて暮らさざるを得なくなった子どもには，長期的な学習機会の保障と安定的な自立への支援策とが不可欠であることは言うまでもない。子どもたちが幅広い選択肢の中から自らが望む人生を歩むことができるように，さらなる支援策の充実が望まれる。

（2）「施設養護」「家庭養護」「家庭的養護」のバランス改善のゆくえ

図2‐3は，2011（平成23）年7月に児童養護施設等の社会的養護の課題に関する検討委員会・社会保障審議会児童部会社会的養護専門委員会によって発表された「社会的養護の課題と将来像」にて示されたものである。

2011（平成23）年時点において社会的養護のうち施設入所児童施設が9割という現状から，「施設養護」「家庭養護」「家庭的養護」をそれぞれ3分の1ずつの割合にしていくという社会的養護の将来像が，本報告で具体的に提示された。

さらに「社会的養護の課題と将来像」では「施設の運営の質の向上」「施設職員の専門性の向上」「親子関係の再構築支援の充実」「自立支援の充実」「子どもの権利擁護」「施設類型の在り方と相互連携」「社会的養護の地域化と市町

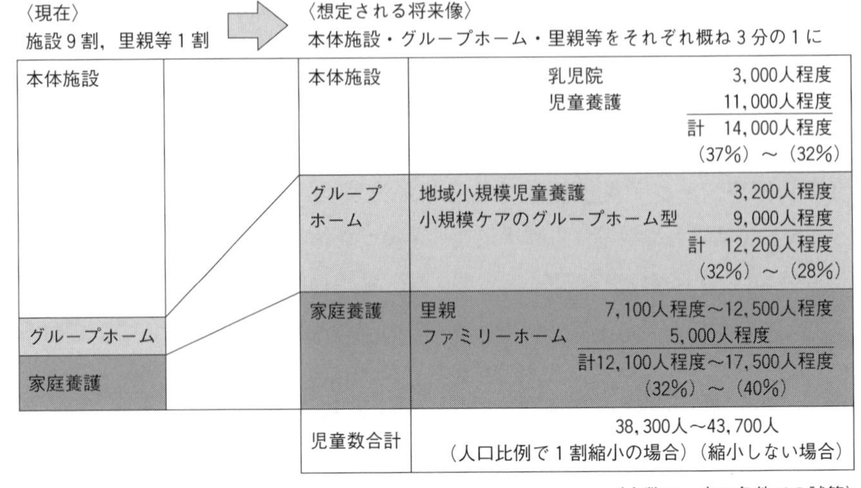

図2－3　社会的養護の整備量の将来像[8)]

村との連携」が，社会的養護に共通する課題であるとされていた。

これらの課題を改善するために，「社会的養護の課題と将来像」では「家庭的養護推進計画」と「都道府県推進計画」と連動させるかたちで，2029年を目標に計画的な推進を行うことが記されていた。

このような改革が進められる一方で，「社会的養護の課題と将来像」を全面的に見直す提案が出された。それは2016（平成28）年8月に設置された「新たな社会的養育のあり方に関する検討会」が発表した「新しい社会的養育ビジョン」（2017（平成29）年8月）である。

「新しい社会的養育ビジョン」は，2016年の改正児童福祉法に記載された家庭養護優先の理念等を取り入れ，さらには2029年を目標にしていた「社会的養護の課題と将来像」における数値目標を大幅に短縮した抜本的な案であった（図2－4）[9)]。

「新しい社会的養育ビジョン」における改革項目は，「市区町村の子ども家庭支援体制の構築」「児童相談所の機能強化と一時保護改革」「里親への包括的支援体制（フォスタリング機関）の抜本的強化と里親制度改革」「永続的解決（パーマネンシー）保障の徹底」「乳幼児の家庭養育原則の徹底と，年限を明確にし

「社会的養護の課題と将来像」（2011年7月）		現状	「新しい社会的養育ビジョン」（2017年8月）	
		500件/年	特別養子縁組 成立件数	概ね5年以内に 1,000件
里親および ファミリーホーム	今後十数年をかけて， 概ね1/3	18.3%	里親委託率 3歳児未満 就学前 学童以降	 概ね5年以内に75% 概ね7年以内に75% 概ね10年以内に50%
グループホーム	今後十数年をかけて， 概ね1/3		地域分散化された小規模施設（地域小規模児童養護施設と「分園型」グループケア）を原則とする。職員配置基準の見直し，ケアの高機能化・多機能化	
本体施設 （児童養護施設は すべて小規模ケア）	今後十数年をかけて， 概ね1/3		—	

図2-4　「新しい社会的養育ビジョン」の数値目標および期限[9)]

た取組目標」「子どもニーズに応じた養育の提供と施設の抜本改革」「自立支援（リービング・ケア，アフター・ケア）」「担う人材の専門性の向上など」「都道府県計画の見直し，国による支援」等，多岐にわたる。

施設養護偏重となっている日本の社会的養護を改善する流れに反対する者は少ないであろう。しかし，今回の「新しい社会的養育ビジョン」には社会的養護関係者から批判の声が上がっている。以下，主要な論点別に整理する。

1）乳児院の機能をどのように維持するのか

「新しい社会的養育ビジョン」では，概ね5年以内に3歳児未満の里親委託率を75%にすると記されている。つまり，2017（平成29）年12月現在138か所ある乳児院の多くは，現状の施設養護機能を変化させねばならないと考えられる。乳児院は児童相談所一時保護所では困難な乳幼児の一時保護を行っており，また入院を要するほどではない病気や障がいのある乳幼児を受けいれる等，特別な専門性を有している施設である。

里親もしくは特別養子縁組を希望する親に，このような特別な専門性の代替が可能なのか，慎重な議論が必要である。

２）家庭養護に被虐待児対応等の負担を強いることは適切か

p.23の表２－１を再度見てみよう。2017年12月現在で，委託を受けている養育里親は9,073世帯中3,180世帯（委託率35.04％）である。また，委託を受けている専門里親は689世帯中167世帯（委託率24.23％）である。里親ファミリーホームに目を向けると，ホーム数313か所に1,356名が委託されている。

これらのうち，被虐待児の割合を見てみると，里親ファミリーホームが55.4％と半数以上。里親では31.1％となっている（図２－５）。

被虐待児は養育里親への委託は原則なされていない。そこから考えると，５～６名の子どもの委託を受けている里親ファミリーホームに過度な負担がかかっている状況を理解することができる。被虐待児の状況にもよるが，５～６名の中で「試し行動」等が激しい子どもが２名以上いると，他の児童への影響も大きく，小規模ユニットの家庭的安定性に支障が生じる。

今後，家庭養護への委託率を増やす必要があることは理解できるが，安定的な家庭養護を崩壊させるような負担増になりはしないか。こちらに関しても慎重な検討が必要であると考えられる。

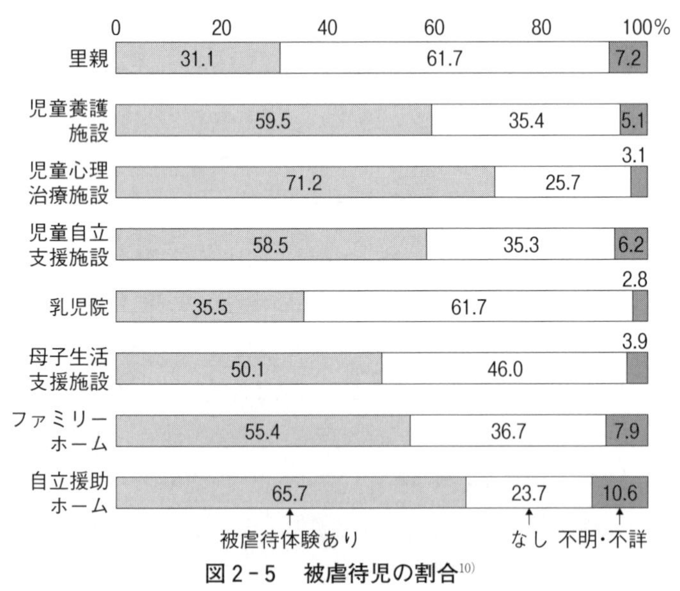

図２－５　被虐待児の割合[10)]

3）施設養護の「本体施設」の専門性をどのように維持するのか

この数年，保育所保育士の不足が深刻な状況となっている。特に，企業立の保育所が一般企業と同じタイミングで人材募集を展開するようになってからは，通常は秋以降に求人を行っていた民間の保育所保育士，さらには施設養護における施設保育士の人材難が深刻な状況を迎えている。

「新しい社会的養育ビジョン」では，家庭的養護における高機能化・多機能化について論じてはいるが，その担い手の確保や専門性向上のための具体的施策が打ち出されているとはいえない。社会的養護を必要とする子どもたちに安定した環境を提供するために施設の小規模化を進めても，職員が２～３年でバーンアウトしてしまっては意味がない。社会的養護に関心のある学生が安心して現場に飛び込めるような体制整備と待遇改善こそが，日本の社会的養護を充実させる要であることを記して，本稿を終えることとしたい。

（鈴木崇之）

■引用文献

1）柏女霊峰『現代児童福祉論（第８版）』pp. 64-65，誠信書房，2007
2）厚生労働省「社会的養護の現状について（参考資料）平成29年12月」，同省 HP より
3）厚生労働省，児童相談所運営指針の改正について（2016年９月29日雇用均等・児童家庭局長通知），児童相談所運営指針，p. 162
4）前掲３），p. 162
5）前掲３），p. 163
6）児童自立支援計画研究会編『子ども・家族への支援計画を立てるために―子ども自立支援計画ガイドライン―』p. 22，日本児童福祉協会，2005
7）前掲書６），p. 512
8）厚生労働省雇用均等・児童家庭局家庭福祉課「新たな社会的養育の在り方に関する検討のための関係資料１（2016年７月時点）」，同省 HP より
9）塩崎恭久「第23回社会保障審議会児童部会社会的養育専門委員会」資料，厚生労働省 HP より
10）厚生労働省「児童養護施設入所児童等調査結果（平成25年２月１日）」

第3章 社会的養護に携わる専門職

1．養護の必要な子どもの保護と自立支援の見立て

（1）児童養護施設の子どもの自立支援－施設退所後の指導から計画的支援へ－

終戦直後の1945（昭和20）年，荒廃した街にあふれる戦災孤児や浮浪児たちを保護することは，戦後日本が当面した重要課題の一つであった。1947（昭和22）年には，この国のすべての子どもの福祉をまもる児童福祉法が制定された。同法に基づき，都道府県において児童福祉を実施する中核的機関として児童相談所が設置され，子どもを保護し，養育を社会的に代替する養護施設（現・児童養護施設）等の児童福祉施設が規定された。同時に，施設の専門職員として保育士・児童指導員等が規定され，身を寄せる家族も住居も奪われた子どもたちの生存と発達を，善意と献身的努力によって確保しようとした。その人たちが，戦後日本の社会的養護に携わる専門職の草分けであった。

やがて戦災孤児や浮浪児たちの保護という当面の課題が一段落するにつれ，養護施設で生活している子どもたちのなかに，家庭に戻れないまま，義務教育を終了する年齢になっても施設を退所できそうもない子どもたちがいることが問題となった。施設を退所しなければならない年齢になっても，保護者や親族から何のサポートも得られず，さらに施設入所前の養護問題のなかで過度に情緒的不安定な状態に置かれてきたことによって，社会的不適応行動や人間関係の取り方に不調があるなどで社会的な自立を図るめどが立たない子どももしだいに増えていった。このような子どもたちについては，養育してきた施設の職員が子どもの手を取り，知り合いの職場に頭を下げて就労につなげることや，職員が善意で施設退所後の子どもの見守りと世話をするなどの苦労を重ねていたが，施設退所後に行方不明となり，やがて養護問題を再び顕在化させる若者たちもいた。そのような高年齢の子どもたちを，再度別の施設で保護し自立に向けて指導するアフターケア施設[*1]の実践も試みられたが，やがてこの取り組みは，有志による自立援助ホームの実践へと引き継がれ，1997（平成9）年の児童福祉法改正で「児童自立生活援助事業」として法定化された。

一方，児童福祉施設退所児童に対する指導の強化策としては，1967（昭和42）年に退所した子どもの現況確認や指導に要する訪問のための予算措置が行われ，1988（昭和63）年には，施設退所後おおむね1年以内の子どもに対する施設職員による指導の強化，中学を卒業し就職した場合でもおおむね6か月間の施設措置延長が認められた。さらに，1997（平成9）年には「養護施設等退所児童自立定着指導事業」として，家庭や職場の訪問と適切な相談援助が促進された。現在では児童福祉法改正によって，満20歳までの施設入所措置の延長が認められ，退所した者への支援がこれらの施設の目的のなかに書き込まれている。また，「社会的養護自立支援事業」や「就学者自立生活援助事業」として，自立援助ホームにおいて，22歳の年度末までの間にある大学等就学中の者も支援の対象とされている。

さて，養護問題の軽減や解消に取り組むためには，施設入所の段階から関係機関が連携し，保護者や関係者，そして子ども自身が短期的目標や長期的展望を持てるようにするための計画的な支援への取り組みが何よりも必要である。イギリスやアメリカでは，子どもを里親などが保護する場合に，永続的で安定した環境のもとで子どもが育成されるためのパーマネンシープランニングと呼ばれる計画の策定が行われているが，日本でも，1998（平成10）年以降，児童相談所が「援助指針」を策定し，児童養護施設が「自立支援計画」を策定する

＊1　アフターケア施設：義務教育終了後も社会的自立が図れない年長の要保護児童を再度施設で保護し，職業訓練や定時制等の高等教育を受け，生活指導も併せて行う施設として，昭和20年代後半から昭和30年代にかけて数か所が創設された。しかし，施設定員に対して在籍児が少ない状況が続き，措置費の支弁において定員と現員との階差が是正されることなど，存続が困難となり，やがてそのほとんどが発展的に解消されていった。（農野寛治「自立支援とアフターケア」許斐有他編『子どもの権利と社会的子育て』信山社，2002）

ことで，施設入所措置の時点から退所に向けての計画的支援が行われている。児童相談所は，家族問題に対して関係機関との調整や専門的支援を行い，施設では，子どもの生活の様子を見守りながら育成環境に責任を持ち，子どもの自立に向けて車の両輪として協働することが求められる。このような要保護児童の保護に携わる次のような職種の専門職が子どもの福祉の実現のために協働している。

(2) 児童福祉司

児童福祉司は，都道府県および政令指定都市等が設置する児童相談所に配置される行政職員で，子どもの保護その他子どもの福祉に関する事項について，相談に応じ，専門的技術に基づいて必要な指導を行うなど，子どもの福祉増進を業務とする原則として相談援助の専門職である。

児童福祉司は担当区域を受け持ち，ある場合は地域を巡回して，保護者や親戚，学校や地域から持ち込まれる子どもの様々な相談に対応し，調査を行い，社会診断にかかわり，支援や指導の方向性を見定めて家族や子どもに介入する。場合によっては，混乱した家族関係を調整し，または子どもの施設措置や里親委託のために関係各方面と調整し，必要書類を揃え，子どもの施設入所などに付き添うなど，子どもや家族の人生の一場面にかかわる非常に重要な役割を担っている。児童福祉司は，子どもが在宅する家族に相談支援を継続するケース，子どもを家族から分離し施設などに措置したケースなど，担当区域の子どものあらゆる相談について非常に多くのケースを担当しているが，増加する児童虐待への対応など，その業務はますます厳しくなっている。このような状況に対応して，専門職採用や実務能力向上のための研修体制の重要性が指摘されている。

一方，2004（平成16）年の児童福祉法改正により，市町村にも子ども・子育て相談の窓口が設置されるようになった。市町村での相談支援体制が確立されていくにつれて，都道府県の児童相談所は，一定の専門的技術的支援が求められるケースに限定されるなど，都道府県の児童福祉司が受け持つ業務のあり方も変わりつつある。児童福祉司や相談担当職員に対し，専門的見地から職務遂行に必要な技術について教育・訓練・指導を行うために，相談援助活動に相当程度の熟練を有している者が「教育・訓練・指導担当児童福祉司（スーパーバイザー）」として，児童福祉司５人につき１人を標準として配置されている。また，子ども虐待の問題が深刻化している中，市町村との十分な協議と連絡が求められている。

（３）児童心理司

児童心理司は，児童相談所に配置される心理臨床の専門職で，子どもや保護者等の相談に応じ，診断面接，心理検査，観察等によって子どもや保護者等の心理診断を行うことや，心理療法，カウンセリング，助言指導等を行う。以前は心理判定員と呼ばれていたが，2005（平成17）年に改定された児童相談所運営指針によって児童心理司という名称になった。

児童相談所では，療育手帳を交付するときの知的障害程度等級判定のために18歳未満の子どもたちの知的能力の判定を行っているが（18歳以上については都道府県の知的障害者更生相談所で行う），その業務も主に児童心理司が担っている。また，子どもや家族が現状の生活の中で，どのような思いを持っているかを聴きとること，子どもの知的・情緒的な発達の様子，子どもの行動の意味を読みとることなど，子どもや家族への適切な援助を展開するために児童心理司が担う役割は大きい。

２．子どもの発達と自立支援の取り組み

（１）児童養護施設等で暮らす子どもへの直接的な援助

家族が抱える養護問題に焦点をあて，置かれている状況の改善に働きかけ，親としての力を与えるのが児童相談所の役割であるとすると，子どもを護（まも）り，その発達を促し，子どもが家族とともに問題を乗り切る力を育むのが施設の役割であるといえる。日々子どもと直接かかわりながら，このような施設の仕事

を担う代表的な専門職として保育士と児童指導員がいる。

(2) 保　育　士

保育士は，2000（平成12）年の児童福祉法施行令改正までは「保母」と称されていたが，男女の性差による職業名称は不適切との観点から，名称が改められて保育士となった。さらに翌2001（平成13）年には，名称独占の専門職として児童福祉法に規定されることになった。

保育士は，子どもの発達等に関する専門的な知識や技術を用いて，保育所を含む各種の児童福祉施設において子どもの育成環境を整えつつ，子どもの保育を行う専門職である。さらに，児童福祉法の定義では，保護者に対する保育に関する指導を行うことも規定されている。

保育士は，一般的には，保育所での乳幼児保育にかかわる専門職と思われがちであるが，各種の児童福祉施設には，障がい児や高年齢児など，様々なニーズを持つ18歳未満の子どもたちが生活している。特に入所型の児童福祉施設で働く保育士には，それら多様なニーズを持つ子どもたちの生活の世話を引き受けるケアワーカーとしての責務がある。したがって保育士には，乳幼児から思春期までの子どもの発達の様子を理解し，その時期折々の生活上の配慮ができる技術，障がい児療育の知識，さらには子どもの情緒的な問題とその対応にも知識や技術を持ち，心のケアに取り組む力量が求められている。

さらには，親に寄り添い，子育ての相談に応じることや，助言，情報提供，そして子どもの気持ちの代弁をする役割が期待される。このような家庭支援の役割は，特に児童養護施設など要保護児童に関する施設で働く保育士にとっては，様々な家族問題への理解や関係機関，施設内外の他職種とのチームワークによる協働の取り組みとして進められることになる。

(3) 児童指導員

児童指導員は，もともと施設のなかで父性的役割を担うために置かれてきた経緯もあり，主に男性職員が任用されてきた。業務内容としては，個々の子どもの生活上の指導や子ども集団へのグループワーク，保護者への応対，外部機関との連携業務，施設内の子どもたちの生活運営の方針や計画を立てることなど，渉外や管理指導的な役割を担うことが多かった。しかし，現在では，固定的性別役割分業の撤廃や男女共同参画社会の実現をめざす政策・運動の流れのなかで，保育士と児童指導員の性差によるステレオタイプ的な業務分担はなくなりつつある。一方，施設で生活する子どもの福祉の実現のため，家族の養護問題の深刻さを理解しながら，豊かな人間性と倫理感をもって家族にかかわり，関係機関と連携し，援助資源につなげていくソーシャルワークの機能が施設でも求められ，児童指導員にその役割が期待されている。

3．子どもの生命と健康の保障

（1）食を通じて生活を支える －栄養士・調理員－

チャールズ・ディケンズの小説『オリバー・ツイスト』に出てくる主人公は，19世紀のロンドンの孤児院で生活していたが，一杯のおかゆのおかわりを申し出たために施設を追い出されることになる。一方，同じ19世紀の日本で岡山孤児院を創設した石井十次は，岡山孤児院12則のなかで「満腹主義」をあげ，子どもたちにはお腹いっぱいに食べさせることで，その心も満たしてやることができ，ひいてはその子どもの生活が安定すると主張し，子どもの食費を苦労して工面しながらもその主義を実践した。

児童福祉施設の食事については，「児童福祉施設の設備及び運営に関する基準」（以下「児童福祉施設設備運営基準」とする）第11条により，できるかぎり変化に富んだ献立で，健全な発育に必要な栄養量を含有するものでなければならないことなどが定められている。また，日々の献立は，施設で生活している子どもの様々な年齢やそれぞれの嗜好，あるいはアレルギーへの対応なども配慮する必要がある。このような業務を担うのが栄養士である。

栄養士の立てた献立に従って子どもたちの食事を作るのが調理員である。調理の現場に子どもが参加することもあるが，集団生活という施設の特質から衛生管理上難しい面もある。また，家庭のように献立を急に変更することや，夕食の残り物を翌朝活用するというような柔軟な対応も，やはり難しい。しかし，児童養護施設の子どもたちにとって，食事を作るプロセスを見ることや手伝うことは生活のなかでの教育であり，食事を作るということは，子どもたちが社会的に自立するときに身につけなければならない生活技術でもある。

その意味で，調理員も栄養士も施設の子どもを育てる重要なスタッフの一員であり，保育士等との協力のもとで，子どもが食生活に自ら積極的にかかわる姿勢を育てることを通して，子どもの自立を支援することが期待される。

（2）健康を護る　－嘱託医・看護師－

児童福祉施設のなかには，障がい児施設などのように医療法で規定する病院や診療所としての設備が必要な施設があり，そこでは医師が配置されている。児童養護施設などその他の施設では,子どもの健康管理や医療的処置について,施設が医師と嘱託関係を契約して特段の配慮を講じてもらうことになる。

児童福祉施設設備運営基準第12条では入所した子どもや職員の健康診断が規定されており，施設には，入所時の健康診断と，少なくとも1年に2回の定期健康診断や臨時の健康診断を，学校保健安全法に規定する健康診断に準じて行うことが義務づけられている。なお，職員の健康診断では，子どもの食事を提供する調理員等について，特に綿密な注意を払わなければならないことも明示されている。

乳児院など一部の児童福祉施設では，看護師が配置基準に求められている。子どもたちが生活するすべての施設で医療関係の専門職が配置されているわけではないが，施設の日常生活のなかで，子どもに対して看護的措置を行う場面は十分想定される。例えば，子どもがけがをしたときや熱を出したときの看護処置や疾病管理などである。これらは家庭で保護者が行う範囲のものとして考えられる。しかし，本来親権者と施設職員では認められる行為の範囲は異なると考えるのが妥当である。保育士も乳幼児の保健等に関する科目を履修しているが，だからといって看護師と同等の業務ができるわけではない。施設長や職員は，意識的に，日頃の子どもたちの健康管理や個々の子どもの医療的ニーズへの対処方法も含めて嘱託医師と密接な連携を図ることが重要である。

施設に入所してくる子どもたちのなかには，既往症がある子どもや，虫歯等の通院治療が必要な子どもたちが多い。欧米では，里親に委託措置されている子どもたちのアセスメント項目に歯の健康が挙げられている。子どもの歯の健康状態はネグレクトと関連する場合があり，援助方法を考える資料となる。

身体的に不調のある子どもたちの通院の付き添いも施設職員の大切な業務であるが，勤務している職員が手薄な時に急な通院が入ると勤務職員だけで対応することは困難である。施設で生活している子どもたちの日常的な医療的処置や健康保持を含め，子どもの健康・医療への権利を保障する条件整備が求められる。

4．子どもの個別のニーズへの対応

（1）専門的対応に向けて

児童福祉法が制定されて以降，様々な子どものニーズに対応して施設の種別が分化していった。特に障がい児施設関係は，その求められる専門性に対応して設備や職員が設定され，各種の施設に分かれていった経緯がある。しかし，1997（平成9）年の児童福祉法改正では，現代の子どもと家庭のニーズに対して現状のシステムは疲弊しているとして抜本的な改正が行われた。児童福祉施設の体系も見直され，虚弱児施設が児童養護施設に吸収され，また児童家庭支援センターが創設されるなど新たな時代への対応が図られた。

各児童福祉施設の目的についても，自立を支援するという方向性が法的に明示されるとともに，養護施設は児童養護施設へ，教護院は児童自立支援施設へ，母子寮は母子生活支援施設へとその名称が変更された。各施設に在籍することのできる子どもの年齢も，18歳で機械的に区切るのではなく，必要な場合はおおむね20歳までの措置延長が可能となった。また，児童自立支援施設等では入所機能だけではなく，通所による指導も認められるなど施設機能の弾力化が促進された。

さらに，全国児童養護施設協議会の報告書「児童養護施設の近未来像Ⅱ」（中間報告，2002（平成14）年10月）以降，社会保障審議会児童部会社会的養護専門部会の「社会的養護の課題と将来像」（2011年）や，これを見直した「新しい社会的養育ビジョン」（2017年，第2章5．参照）にも掲げられたように，専門化された重装備の中核施設を中心に，地域に点在する小規模の生活施設が配置される方向で，地域での普通の生活に根ざした児童養護施設のあり方が提起されており，その方向性は現場サイドからも模索されている。このような動向の中で，地域の核として存在する施設については，より専門性を高めていく方向にあり，そこに配置される新たな専門職の役割が重要となってきている。

（2）被虐待児個別対応職員

厚生労働省は1990（平成2）年以来，全国の児童相談所で受理される相談件数のなかで，児童虐待相談の件数を別途把握しているが，統計を取りはじめて以降，その数には相当な増加が見られる（p.3参照）。児童虐待の顕在化に対して，子どもを保護するための法的整備には一定の進歩が見られるものの，子どもを施設で保護したのちの子どもや家族に対して求められるケアは依然として課題である。子どもを親から分離しただけで問題は解決するものではないし，むしろそのような子どもや家族に積極的に介入し，虐待が再発することのないように家庭での養育状況を改善し，安定した養育環境のなかで傷ついた子どもの心を癒し，大人との基本的な信頼関係を再構築していく必要がある。このような状況を背景に，2001（平成13）年からは，児童養護施設，母子生活支援施設，児童心理治療施設（当時の名称は，情緒障害児短期治療施設），児童自立支援施設に被虐待児個別対応職員が配置されることになった。実際にはベテランの児童指導員や保育士がその職務にあたっていることも多いが，児童虐待を受けてきた子ども個別のケアに関して中心的な役割を果たすことが期待されている。

（3）心理療法担当職員

家族からの分離やそのそもそもの要因特に子どもへの虐待は，子ども自身に大きな心的外傷を与える。そのような子どもの心に寄り添うために心理学的な知見と技術を施設職員の子どものケアに反映できる心理職の配置は，長く施設現場の希望するところであった。

児童心理治療施設には，心理療法担当職員（セラピストあるいは心理職ともいわれる）の配置が定められているが，児童養護施設においても，もともと児童福祉法の規定により「児童虐待を受けている児童」も入所対象としているので，虐待によって心に問題を抱えた子どもの心理的ケアをはかることは本来的な機能として当然備えておくべきである。

児童養護施設等にもようやく心理職が配置されることになったのは，2001（平成13）年である。ただし，虐待やひきこもり等の理由により心理療法が必要であると児童相談所長が認める子どもが10名以上在籍していることなどが要件となっている。

業務としては，遊戯療法，カウンセリング，生活場面面接，職員への助言や指導によって子どもの安心・安全感の再形成と人間関係の修復を図り心的外傷の治癒と自立に向けての支援を行うことである。また，ケース会議への出席，児童相談所等との連携による積極的な家庭訪問を行うことなどが期待される。北米では環境療法*2という手法が主流であり，セラピストとケアワーカーの協働が実践されている。日本でも，施設における取り組みとして，心理職との協働によって子どもの心のケアに向けた実践を展開していくことが期待される。

（4）家族問題へのソーシャルワークを展開する　―家庭支援専門相談員―

児童養護施設は子どもの代替家庭であり，これまで多くの子どもたちが施設を起点に自立への道を歩んできた。しかし，施設で働く職員は，子どもが保護

＊2　環境療法：子どもの生活施設において精神分析と行動療法のアプローチを統合することによって生活構造を治療的に構成しようとするもの。（アルバート E.トリーシュマン他著，西澤哲訳『生活の中の治療―子どもと暮らすチャイルド・ケアワーカーのために』中央法規出版，1992）

された後に，親への指導や親の生活改善がなされないまま，子どもだけが我慢する姿をたくさん見てきた。どのような親であっても，親子の絆は分かちがたいものであることを，子どもに一番近い施設職員は，ひしひしと感じてきたのである。親への指導や生活改善への介入は，子どものケアワーカーとして働く施設職員の業務に付随して行えるような内容ではない。しかし，家族問題に介入することにより，親子の再統合が図られるのであれば，何よりもこれに越したことはない。家族問題への介入に専門的にかかわる職員は永く切望されてきたが，2004（平成16）年から，早期家庭復帰を支援するための体制を強化するために，乳児院や児童養護施設等に家庭支援専門相談員（ファミリーソーシャルワーカー）が配置されることになった。関係機関と連携を取り，定期的に電話連絡や面接をすることや，家庭訪問をして在宅の様子の見守りや状況確認を行い，また，孤立している親や生活問題でのストレスを抱えている親を受け止める。このような親や家族への積極的で継続的な訪問支援ソーシャルワークサービスは，子どもが再びその親とともに暮らす家族再統合をめざす上で，必要不可欠な業務である。

（5）里親支援専門相談員

子どもたちに，より家庭的な生活環境を提供し，個別の愛着形成を促すためには，里親委託は大切なサービスとなる。里親支援専門相談員は，施設に入所する子どもの里親等委託に向けた支援や委託後のアフターケアフォローとしての支援，新規里親の開拓や地域の里親家庭への訪問等による相談支援等を実施する専門職として，2012（平成24）年から配置されている。

なお，「新しい社会的養育ビジョン」に基づき，特に乳児院では里親の開拓やマッチングをはじめとするフォスタリング機能の強化がめざされている。児童養護施設においても，入所期間の短縮と里親委託への措置変更，あるいは逆に，里親委託の増加に伴って予想される不調の増加による施設入所・再入所への対応など，里親支援専門相談員の役割は今後重要性を増すことになる。

5．健全で民主的な施設運営の確保

(1) 施　設　長

子どもが生活している施設の長は，入所している子どもに親権者がいない場合の親権を代行し，親権者がいる子どもに対する監護・教育などの一定の権限が児童福祉法によって認められている。ただし，子どもの懲戒権に関しては，これを濫用してはならないことも児童福祉施設設備運営基準に定められている。

社会福祉法では，理事や監事，評議員といった上位の意思決定と管理組織が定められていて，そのような立場にある人たちの使命感と良識で社会福祉事業が進められていくべき旨が明示されているが，実際の子どもの施設生活の上で大きな決定力を持っているのは施設長である。施設長は，何よりも子どもたちが安定した生活が送れるよう，確固とした養護理念に基づき，子どもたちの生活が児童福祉施設設備運営基準を上回るように，また，子どもたちにとって生活環境を構成する重要な役割を担う職員たちが働きやすいように，職場としての施設の条件を整える仕事をすることが使命となる。

(2) 事 務 職 員

施設では，会計事務を担う職員が必要になる。書記または会計という名称で事務を行う職員が措置費や補助金等の請求と精算，日々の支払いや振り込み，年間の予算決算会計の立案と理事会等提出資料の作成などを行う。

従来，措置費を適切に運用することが本来の業務であったが，2000（平成12）年の社会福祉法により，社会福祉法人であっても一定の条件のもと収益事業を行うことができるようになったこと，施設の建て替え等のために一定の余剰金の備蓄が可能になるなど，より弾力的な使用が認められるようになったことで，会計説明責任や健全な会計運営の手腕が求められるようになってきている。

社会福祉法人には２人以上の監事が置かれる。そのうちの１人は財務諸表等を監査しうる者，１人は社会福祉事業について学識経験を有する者または地域の福祉関係者であることが通知によって定められている。事務職員は，これら専門家の助言も求めながら，健全で安定的な施設運営を進める実務家として，子どもの生活と他の職員の労働を支える重要な職員である。

（農野寛治）

6．専門職倫理の確立

（1）専門職と職業倫理

一般に専門職といわれる職業は，それが高度なものであればあるほど，その仕事がもたらす影響も大きくなる。したがって，専門職に携わる者には，その仕事の過程や結果がもたらす重大性を理解し，その専門性を望ましい方向で発揮することが求められる。このことが専門職倫理といわれるものである。

また，専門職倫理には，その仕事の目的や内容について外部のいかなる権力からも支配されず，自らの専門的見識・技術や価値観・倫理観にのみ基づいて判断・行動することを自覚し追求するという側面がある。専門職には，その専門性の「望ましい使い方」，「望ましくない使い方」を自ら自覚的に探究し，専門職集団として相互に確認し合い，それを規範として運用しさらに発展させていくいとなみが求められる。その仕事が専門職といえるかどうかは，むしろそこに専門職倫理が確立されているかどうかによって判断できるともいえる。

（2）ソーシャルワーカーの倫理

ソーシャルワーカーは，個人の生活や価値観あるいは人格に介入し，当事者が抱える様々な問題の解決にあたる社会福祉専門職である。個人の人権をその生活場面で直接保障すると同時に，個人の人権に介入しそれを侵害する危険性を伴う仕事でもある。

そのため，ソーシャルワーカーの権限や役割は，法律および行政による通知，通達，指針等によって細かく規定されている。しかしながら，現実の実践場面ではそうした規定の想定を超えた援助が求められることもあり，高度な専門性と専門職倫理に基づいて自らの責任のもとで行動することが求められる。

日本ソーシャルワーカー協会は，そうした自覚に基づいて，1986（昭和61）年にソーシャルワーカー協会の倫理綱領を宣言し，「ソーシャルワーカーは，平和擁護，個人の尊厳，民主主義という人類普遍の原理にのっとり，福祉専門職の知識，技術と価値観により，社会福祉の向上とクライエントの自己実現をめざす専門職であることを言明」して，活動の原則や専門職としての責務などについて定めた。この綱領は，1992（平成4）年に「ソーシャルワーカーの倫理綱領」とすることが決定された。1993（平成5）年には日本社会福祉士会がこれを倫理綱領として採択している。

国際ソーシャルワーカー連盟（IFSW）は，1976年に「専門職ソーシャルワーカーに対する国際倫理綱領」を採択している。これを土台に，IFSWは改めて1994年に「ソーシャルワークの倫理―原則と基準」を採択している。

（3）社会的養護専門職の固有の倫理

社会的養護の専門職も，ソーシャルワーカーの一員である。児童福祉司は，ケースワーカーとして日常的に当事者や保護者との面接相談や家庭訪問などを行い，プライベートな家庭事情に介入することなどを業務としている。また職権により要保護児童の家庭環境について調査することができ，ケースによっては親子を分離して子どもを一時保護する場合もある。児童心理司や一時保護所職員も含め，児童相談所ではまさに個人の生活や尊厳にかかわる仕事を行っており，とりわけそれが行政による行為であるだけに基本的人権に関する高い認識と方法，技術を基盤とした専門職倫理が必要である。

社会的養護の専門職の多くは，民間の児童福祉施設で子どもの生活と発達の援助に直接携わるケアワーカーとしての保育士や児童指導員などである。特に児童養護施設などの生活施設では，子どもとの丸ごとのかかわりが日々展開され，それが何年も続く場合がある。社会的養護の専門職には，一般的なソーシャルワーカーとしての専門職倫理に加え，援助の相手が急速な人格形成の途上にあり将来の家族再統合や自立を見通した援助を必要とする子どもであることから生ずる固有の専門職倫理の確立が求められる。全国社会福祉協議会を構成する全国児童養護施設協議会は，こうした要請に応えて「児童養護施設で生活する子どもの安心・安全を守り，養育の向上を図るため」，2010（平成22）年に「全国児童養護施設協議会倫理綱領」(p. 193)を策定しその活用をめざしている。

（望月　彰）

第4章 家庭支援の理論と実践

1．子育て困難家庭への支援行政のしくみとソーシャルワーク

（1）子育ての責任者

「子どもは誰が育てるのか」という問いに対して「その子どもの親である」と答える人は多いだろう。1989年に国連で採択され，1994（平成6）年に日本が批准した子どもの権利条約（第1章，p.10参照）においても，第18条第1項で「父母又は場合により法定保護者は，児童の養育及び発達についての第一義的な責任を有する」とされているように，子育ての第一義的な責任主体は親であるといえる。

しかし同時に，子どもの権利条約第18条第2項では，「締約国は，この条約に定める権利を保障し及び促進するため，父母及び法定保護者が児童の養育についての責任を遂行するに当たりこれらの者に対して適当な援助を与える」責任があることなど，親に対する国の援助責任を規定している。その意味で，子育ての責任者は，直接的には親であり，同時に，その親を援助する国でもある。

子どもを育てていく上では何かと問題にぶつかることも多い。国には，直接的な養育者である親が問題にぶつかったとき，「子どもの最善の利益」を基準に適切な援助をする責任があり，また，親が問題にぶつかることのないように，あらかじめ子育ての諸条件の整備に努める責任がある。このような考え方が，現在，子どもの権利条約によって国際的な原理となっている。では，国による援助とは，具体的にはどのような原理やしくみで行われているのだろうか。

（2）児童福祉法の理念

日本には，子どものための法律として，1947（昭和22）年に制定された児童福祉法がある。その理念はすべての子どもの健全育成であり，そのための国および地方公共団体の責任を含め総則において示された。ただし，子どもが権利の主体であることは必ずしも明記されていなかった。これが2016（平成28）年に「全て児童は，児童の権利に関する条約の精神にのつとり，適切に養育されること，その生活を保障されること，愛され，保護されること，その心身の健やかな成長及び発達並びにその自立が図られることその他の福祉を等しく保障される権利を有する」と，子どもの権利条約が明記される形で改正された。

子どもは生まれてくる時，親を選択することができない。また，現実には，親によって，子どもの生活はかなり違ってくる。改正児童福祉法第2条は第2項に「児童の保護者は，児童を心身ともに健やかに育成することについて第一義的責任を負う」ことが追加され，第3項は従来通り「国及び地方公共団体は，児童の保護者とともに，児童を心身ともに健やかに育成する責任を負う」と定めている。児童福祉法は制定当時から，子どもの権利条約に先がけて子どもを育成することについての国の責任を明確にしていた。それは，国が定める法制度や地方公共団体（地方自治体ともいう）を含めた行政のいとなみを通して実施される。また，直接子どもを育てる責任は，多くの場合は「生みの親」としての実親であるが，その実親を含めて実際に子どもを養育する「育ての親」としての保護者にあり，そこには，里親や児童福祉施設の施設長なども含まれる場合がある。実親による養育を含めた社会的子育てが，児童福祉法および子どもの権利条約における子育ての基本理念なのである。

（3）子育てを支援する行政機関

現実には，家庭で子育てに困った場合，児童福祉法の理念にしたがって，国や地方自治体が子育てを支援するという形をとることになる。児童福祉法では，そのような場合に実際に支援する機関や施設が規定されている。

地方自治体には，子育てを支援するために次に挙げるような機関が設置されている。そこでは，子育てに困難を抱えている人たちの悩みなどを聞き，必要な制度やサービスの利用に結びつけたり，さらには家族や集団，地域などその人を取り巻く環境に働きかけたりして，その人たちの生活の立て直しをはかる相談援助活動を行っている。このような業務はソーシャルワークと呼ばれ，ソーシャルワークを行う専門職は一般にソーシャルワーカーと呼ばれている。ただし，制度上の正式な名称としては確立しておらず，児童福祉司，社会福祉主事などの名称が任用資格として使われている。

1）児童相談所

児童相談所は，子どもに関する各種の相談を受ける専門的行政機関であり，都道府県（政令指定都市や一部の中核市を含む）における児童福祉行政の中心的役割を担っている。児童相談所には，児童福祉司（ソーシャルワーカー），児童心理司，医師等の専門職員が配置されており，専門的な角度から調査，診断，判定を行い，それに基づいて必要な援助や児童福祉施設への入所措置等を行っている。また，必要に応じて子どもの一時保護を行っている。

2）福祉事務所と家庭児童相談室

福祉事務所は，社会福祉行政全般の第一線機関であり，住民から生活上の問題など社会福祉に関する相談を受け付け，その事務も担当している。おおむね人口10万人を単位として設置しなければならないこととなっている。さらに，福祉事務所には，都道府県レベルの児童相談所に対して，市町村レベルのより住民生活に密着した子ども家庭福祉に関する相談機能を充実するために，家庭児童相談室を設置することができるとされており，社会福祉主事と家庭相談員が置かれている。

3）児童家庭支援センター

児童家庭支援センターは1997（平成9）年の児童福祉法改正により創設された相談援助を行う児童福祉施設である。地域・家庭からの相談に応ずる事業，市町村の求めに応ずる事業，都道府県または児童相談所からの受託による指導，関係機関等との連携・連絡調整などを行っている。

4）児童委員と主任児童委員

児童委員とは児童福祉法に基づき市町村の区域におかれている民間のボランティアであり，民生委員が兼ねている。児童委員は，「子どもの教育・学校生活」，「子どもの地域生活」，「子育て・母子保健」などについて，その福祉の増進を図ることが主な活動である。主任児童委員は，児童福祉に関する事項を専門的に担当し，児童相談所や福祉事務所などの機関と区域担当の児童委員との連絡調整を行うとともに，児童委員の活動に対する援助や協力を行う。

（4）子育てを支援する施設

児童福祉法には，家庭の子育てを支援するための様々な施設が規定されている。その中には，保育所のように，保護者との協働により子育てを支援する施設があり，また，児童養護施設のように，家庭での子育てが困難な要保護児童を入所させて家庭環境の改善を促すとともに，家庭復帰後の子育てを支援する施設もある。それぞれの施設において，日々の子どもの生活を直接援助するケアワークとともに，家族関係の調整などをはじめとするソーシャルワークが行われている。

次に，こうした機関や施設のソーシャルワークについて，DV ケースの場合と児童虐待ケースの場合に焦点をあてて，その内容を紹介しよう。いずれも，子どもが健全に育つための最も基本的な環境である家庭において発生し，また，子どもの権利を保障するための社会的対応が不可欠となる。

2．DV ケースへのソーシャルワークと母子生活支援施設

（1）DV（ドメスティック・バイオレンス）とは

DV とは domestic violence（ドメスティック・バイオレンス）の略語である。domestic violence を直訳すると「家庭内暴力」になるが，日本で「家庭内暴力」というと，1980年代に社会問題となった思春期の子どもが親に対してふるう暴力を指すことが一般的なため，あえて日本語に訳さず，DV とかドメ

スティック・バイオレンスという言葉を使うことになった。

DV とは，親しい関係において，一方が他方を支配することを目的としてふるわれる暴力である。社会的な力関係を反映して，男性から女性にふるわれることが多いが，男性が被害者となる場合もある。暴力といっても，イメージするものが違うと誤解を招くことになるため，本章では「暴力とは人が他人または自分の心とからだを深く傷つけること」[1) という定義で統一する。つまり，身体に加えられる暴力だけでなく，心を傷つけるものも暴力である。

そして，DV は，その場面を見せつけられた子どもにとっては児童虐待となる。また，DV 家庭では，子どもにも直接暴力がふるわれていることが多い。たとえ暴力をふるわれることがなかったとしても，自分が暮らしている家で頻繁に暴力がふるわれるのであるから，それを見て育つ子どもの心は傷つく。

（2）DV のあらわれる形

DV は下記のようにいくつかの形であらわれるが，どれか一つだけ行われることもあれば，いくつかが重なり合って行われることもある。たとえ，精神的暴力のみであったとしても，被害当事者やその場に居合わせた子どもにとって，そのダメージははかり知れない。

① **身体的暴力：**殴る，蹴る，ものを投げつける，首を絞めるなど。

② **精神的（心理的）暴力：**口汚くののしる，無視する，大事にしているものを壊すなど。

③ **性的暴力：**性行為を強要する，避妊に協力しない，暴力的な性行為を強要する，アダルトビデオを無理矢理見せるなど。

④ **経済的暴力：**家にお金を入れない，稼いだお金を奪う，一日ずつお金を渡す，働かせないなど。

⑤ **社会的暴力：**友だちや親戚に会わせない，実家に帰らせない，手紙や電子メールを勝手に読む，電話の内容をチェックする，つきあっても良い友だちを指定する，自分と同じ行動をすることを強要する，スケジュールを管理するなど。

（3）DVの実態と別れられない理由

内閣府（2018）の「男女間における暴力に関する調査報告書」によると，女性の約3人に1人は配偶者から暴力被害を受けたことがあり，また約17人に1人は何度も受け，被害を受けた女性の約7人に1人は命の危険を感じた経験があるという。配偶者から被害を受けた女性の約6割が「別れたい（別れよう）」と思っているが，別れることができたのはそのうちの約1割に過ぎないという。同調査では，その理由も聞いており，1位は「子どもがいるから，子どものことを考えたから」（66.8%）であり，2位「経済的な不安があったから」（48.9%），3位「相手が変わってくれるかもしれないと思ったから」（19.5%，いずれも複数回答）と続く。

厚生労働省の「平成28年度全国ひとり親世帯等調査」によると，母子世帯の母親の平均年間収入*1は243万円であり，父子世帯の父親の平均年間収入420万円と比べるとかなり低いことがわかった。さらに平均年間就労収入100万円未満が22.3%，100～200万円未満が35.8%と働いていても年収が200万円未満しかない母親が母子家庭の半数を超えていた。これらの数字が表している通り，母子家庭で子どもを育てていくには，非常に厳しい経済状態となる。そのため，子どもの生活や教育のことを考え，離婚することをとまどうのも理解できないことではない。

また，3位の「相手が変わってくれるかもしれない」と思うことは被害者によくみられる傾向である。DV加害者の多くは被害者に暴力をふるった後に，謝ったり，優しくしたりして，被害者との関係性を修復しようとするような行動をとる。被害者はこの状態の加害者を信用して，関係を続けようとするが，すぐに緊張が蓄積され，暴力がふるわれ，謝罪し，優しくするという流れを繰り返す。「暴力のサイクル理論」[2)]と呼ばれている。

＊1　生活保護法に基づく給付，児童扶養手当等の社会保障給付金，就労収入，別れた配偶者からの養育費，親からの仕送り，家賃・地代などを加えたすべての収入の額。

（4）DV 防止法の成立

2001（平成13）年4月，「配偶者からの暴力の防止及び被害者の保護に関する法律」（以下，DV 防止法）が制定された。DV が増加しつつある状況の中で DV 防止法が制定された意義は大きいが，この法律における DV の定義は，夫から妻へ，妻から夫へ（事実婚も含む）の身体的暴力に限定されたものであった。

対応体制としては，緊急時の被害者の保護が主であった。例えば，配偶者暴力相談支援センター（以下，DV センターと略す）が創設された。しかし，この DV センターは，既存の婦人相談所*[2]，女性センター*[3]，児童相談所を利用するという形で運用され，新規に独自の機関が設置されたわけではなかった。

一方，被害者の一時保護についても定められ，DV センター，婦人保護施設*[4]や母子生活支援施設，民間シェルターに委託することになっている。また，保護命令が規定された。これは，被害者からの申立てを受けて裁判所が加害者に対して，被害者への接近禁止や住宅からの退去を命令するものである。

2004（平成16）年6月，DV 防止法は，主に以下のように改正された。暴力の定義が拡大され，心身に有害な影響を与える言動も含まれることになった（ただし，保護命令の申立ては身体的暴力のみのままである）。また，保護命令が改善され，離婚後も可能となり，まだ同居の子どもへ接近禁止命令の効力が拡大されることとなった。被害者の自立支援は国および都道府県の「責務」となり，福祉事務所には努力義務となった。また国は基本方針を作成し，都道府県は基本計画を策定することとなった。

なお，2007（平成19）年7月に2度目の改正が行われ，裁判所が出す接近禁止命令をはじめとする保護命令制度が拡充された。身体的な暴力を伴わなくても「生命・身体に対する脅迫行為」があれば裁判所は保護命令を出せると明記

＊2　婦人相談所：売春防止法に基づき各都道府県に設置が義務づけられている，元来は売春を行うおそれのある女子の相談，指導，一時保護等を行う施設である。女性に関する様々な相談に応じる中で，DV防止法成立前から夫からの暴力の相談・保護に取り組んでいる施設が多い。
＊3　女性センター：男女共同参画社会基本法を受けて各自治体が自主的に設置している。
＊4　婦人保護施設：売春防止法に基づき，都道府県や社会福祉法人などが設置することができる。もともとは売春を行うおそれのある女子の入所施設だが，入所理由は家庭環境の破綻や生活の困窮など様々である。

され，保護の対象を被害者の親，子ども，支援者にも広げた。

さらに，2013（平成25）年7月，法律名に「配偶者からの暴力の防止及び被害者の保護等に関する法律」と「等」が加えられ，生活の本拠を共にする交際相手も対象に含まれることになった。この「生活の本拠を共にする」場合とは，戸籍や住民票上の住所に関係なく，実質的に共同生活を送っている場合を想定している。

（5）DVケースへのソーシャルワーク

当事者は，自分が悪いから夫は暴力をふるうのではないかと自分を責める傾向が強い。親戚や友人などに相談した場合，「あなたが悪いから暴力をふるわれるのではないか」と責められることも多く，それによりさらに傷つくこと（二次被害）もある。

専門機関の援助者は二次被害の防止や回復も視野に入れ，被害者が「暴力はどんなものであれ良くないものである」という認識に到るよう援助しなければならない。

当事者自身がDVだと認識することが難しいため，それへのかかわり方が困難になる場合もある。例えば，明らかにDVであるというケースであっても本人がこれは「夫婦げんか」だと思い込んでいる（あるいは思い込まされている）場合，第三者が「あなたはDVの被害者だから，すぐに別れるべきだ」と告げても，素直にその言葉を受け入れることはできない。当事者自身が自分の置かれている状況に気づき，自分の生活の方向性を決定できるように援助することが大切である。援助者には，当事者の意志を尊重し，当事者自身が問題解決に向けた意欲や見通しをもてるよう援助することが求められる。

よく「どのような人が暴力をふるいますか（またはふるわれますか）」という質問を受けるが，それに対する答えはない。「加害者像」および「被害者像」を持つことによって，その像からかけ離れた人を除外してしまう危険性や，逆に加害者もしくは被害者だと決めつけてしまうという危険性もある。

（6）母子生活支援施設とは

このようなDV被害者を，多くの場合その子どもといっしょに緊急一時保護し，また，その他の事情で援助を要する母子の生活や自立を支援する施設が，母子生活支援施設である。

児童福祉法第38条において「母子生活支援施設は，配偶者のない女子又はこれに準ずる事情にある女子及びその者の監護すべき児童を入所させて，これらの者を保護するとともに，これらの者の自立の促進のためにその生活を支援し，あわせて退所した者について相談その他の援助を行うことを目的とする施設とする」と定められている。つまり，保護を必要としている母子家庭の母親とその子どもの保護や自立促進を目的として，その生活全般にわたり様々な支援をしている児童福祉施設である。施設であるが，外観はアパートやマンションのように見え，母子家庭ごとに居室がある。集会・学習室等があり，母子支援員，少年指導員等の職員が配置されている。

3．児童虐待ケースへのソーシャルワーク

（1）児童虐待とは

2000（平成12）年に制定された児童虐待の防止等に関する法律（以下，児童虐待防止法）およびその後の改正により，児童虐待とは，保護者がその監護する児童について行う次に掲げる行為であると定義されている。

① **身体的虐待**：児童の身体に外傷が生じ，又は生じるおそれのある暴行を加えること。（具体的には，殴る，蹴る，激しく揺さぶる，振り回す，たばこの火を押しつけるなど。）

② **性的虐待**：児童にわいせつな行為をすること又は児童をしてわいせつな行為をさせること。（具体的には，ポルノの被写体にする，親の性行為を見せる，性行為を強要するなど。）

③ **ネグレクト**：児童の心身の正常な発達を妨げるような著しい減食又は長時間の放置，保護者以外の同居人による前２号又は次号に掲げる行為と同

様の行為の放置その他の保護者としての監護を著しく怠ること。(具体的には，食事を与えない，衣服をかえない，学校に行かせないなど放っておく。家に閉じ込めたままの状態や，病気やけがでも病院に連れていかないなども含まれる。)

④ **心理的虐待**：児童に対する著しい暴言又は著しく拒絶的な対応，児童が同居する家庭における配偶者に対する暴力（DV）その他の児童に著しい心理的外傷を与える言動を行うこと。(具体的には，子どもの存在を無視する，大声で怒鳴る，ひどい言葉でなじる，DV家庭で育つなど。)

児童虐待は重複して行われることの方が多く，たとえ心理的暴力だけであったとしても，子どもに悪い影響を与える。なお，2004（平成16）年の児童虐待防止法改正において，児童虐待は児童の人権侵害であるという旨が明記された[*5]。親がしつけのつもりで行っていたとしても，子どもにとって苦痛であるならば，それは児童虐待であり，子どもに対する人権侵害である。

(2) 虐待が子どもに与える影響

虐待は子どもに様々な影響を与える。「親に虐待されるのは私が悪いから」，「私がいい子になれば，きっと愛してもらえるはずだ」と，子どもなりに，自分の受けている行為である「虐待」をなんとか「理解」しようとする。

しかし，虐待が継続すると，しだいに「自分は価値のない人間だ」と思うようになる。これらは，友だちづくりを困難にし，いじめや不登校の原因にもなる。また，「非行少年」と呼ばれる子どもの中には，その生い立ちの過程で，家庭において何らかの形で暴力を受けている子どもが少なくない。その受けている暴力の種類が性的なものであった場合，子どもがその事実をなかなか告白

＊5　改正された児童虐待防止法では第1条で「この法律は，児童虐待が児童の人権を著しく侵害し，その心身の成長及び人格の形成に重大な影響を与えるとともに，我が国における将来の世代の育成にも懸念を及ぼすことにかんがみ，児童に対する虐待の禁止，児童虐待の予防及び早期発見その他の児童虐待の防止に関する国及び地方公共団体の責務，児童虐待を受けた児童の保護及び自立の支援のための措置等を定めることにより，児童虐待の防止等に関する施策を促進し，もって児童の権利利益の擁護に資することを目的とする」と定められている。

することができず，問題があることを理解したり，事実を認めることさえできないこともある。また，暴力で育てられたことによって，人と関係を作るのに暴力を手段としてしまう子どももいる。「虐待の連鎖」と呼ばれるものである。しかし，虐待の被害者が必ず虐待の加害者になるわけではない。

(3) 児童虐待ケースへのソーシャルワーク

児童虐待は，外部に知られることなく長期にわたって継続し，子どもの心に徐々に深い傷を与えることもあれば，ある時一気にエスカレートすることもある。児童相談所が，子どもの生命・生存と健全な発達が脅かされると判断した場合には，まずは子どもを保護し，親と分離させた上で，それぞれに対する支援を開始することになる。

児童福祉法では，児童虐待の可能性を感じた者は，児童相談所へ通告しなければならないと定められている*[6]。また，通告を受けた児童相談所は，虐待をしている疑いのある保護者に面接あるいは立入調査を行い，必要に応じて虐待されている子どもをすみやかに保護するなど，その家庭に介入することになる。

児童虐待にはできる限り早期に介入し，子どもの話を共感をもって聴くという姿勢を持ち，子どもの気持ちをまずは受容することが大切である。しかし，子どもは保護者から虐待について他人に話さないようにというメッセージを刷り込まれていることが多い。そのため，人に話すことによって不安になったり恐怖心を抱いたりすることもある。子どもには安全であることを伝え，時間をかけて子どもの話を聴く必要がある。時に，子どもの話にはつじつまのあわないこともあるが，恐怖などから混乱していることも多く，聴く側が整理して状況を明らかにしていく姿勢が求められる。

虐待する大人のなかには，過去に自分も虐待されていた経験のある者もいる。また，現在の職場や家庭におけるストレスなどから虐待を行ってしまうことも

＊6　児童福祉法第25条では「要保護児童を発見した者は，これを市町村，都道府県の設置する福祉事務所若しくは児童相談所又は児童委員を介して市町村，都道府県の設置する福祉事務所若しくは児童相談所に通告しなければならない」と定められている。

ある。その大人の被害者性に注目をし，それに対する援助も必要である。しかし，どのような事情が親にあったとしても，それを理由に子どもを虐待することは許されない。子どもは親の所有物ではなく，ひとりの尊厳ある人間だからである。

虐待されている子ども自身が親との生活を望んでいる場合が多いこともあって，児童虐待に対するソーシャルワークは「家族の再統合」をめざして行われることが多い。しかし，子どもが家族と暮らすことを望んだとしても，望んだからという理由だけでは親元に帰してはならない。虐待した親が，もう二度と虐待することなく，子どもを愛し育てていけるようになるのなら，子どもが家族に帰ることに異論はない。家族の再統合を目標にソーシャルワークを進める際には，何人もの子どもたちが施設から家庭に戻った後に親から深く傷つけられ，時には殺されている現状を考え，慎重に行われなければならない。

めざすべきは，その子どもが自尊心を取り戻し，人間らしく安心して安全に暮らしていくことができること，虐待の加害者にならないように自分の経験を整理できるようになることである。

4．少子化問題と子育て支援の諸施策

（1）家庭支援と少子化問題

1989（平成元）年，日本の合計特殊出生率*7は1.57を記録した。いわゆる「1.57ショック」である。これを契機に少子化は社会問題として扱われるようになり，様々な少子化対策が子育て支援施策として講じられてきた。家族支援に関して，それらの諸施策は二つの点から無視できない。

一つは，子どもを産むか産まないかは個人的な選択であり，国から強要されることがあってはならないという点である。いま一つは，子どもを産みたいのに産めないという状況が問題であり，子どもを育てにくい状況は，改善されな

＊7　合計特殊出生率：ひとりの女性が一生の間（計算上は15歳～49歳）に産むと推測される子どもの数の平均値をいう。親の世代と同数を保つには，2.08が必要とされている。

ければならない。

（2）子育て支援の諸施策

1）エンゼルプラン（1994（平成6）年12月）

「子育て支援社会」の構築をめざす本格的な取り組みを進めるために，文部・厚生・労働・建設の4大臣の合意により策定された総合的な施策が「今後の子育て支援のための施策の基本的方向について」（エンゼルプラン）である。

このエンゼルプランの基本的視点は，①安心して出産や育児ができる環境を整える，②家庭における子育てを基本とした「子育て支援社会」を構築する，③子どもの利益が最大限尊重されるよう配慮する，であった。

2）新エンゼルプラン（1999（平成11）年12月）

エンゼルプラン等を見直すかたちで，大蔵・文部・厚生・労働・建設・自治の6大臣の合意により「重点的に推進すべき少子化対策の具体的実施計画について」（新エンゼルプラン）が策定された。働き方および保育サービスに加え，相談・支援体制，母子保健，教育，住宅などの総合的な実施計画となっている。

3）少子化対策プラスワン（2002（平成14）年9月）

少子化対策プラスワンは，従来の保育施策を中心にした取り組みに加え，親たちの労働の実態にも目を向けた対策である。「子育てと仕事の両立支援」を中心としており，「男性も含めた働き方の見直し」「地域における子育て支援」「社会保障における世代支援」「子どもの社会性の向上や自立の促進」という四つの柱に沿った取り組みが提起された。

4）次世代育成支援対策推進法（2003（平成15）年7月）**と次世代育成支援行動計画**

次世代育成支援対策推進法は，今後の子育て支援対策の基盤となるものであり，2015（平成27）年3月31日までの時限立法として制定された。

基本理念は「次世代育成支援対策は，父母その他の保護者が子育てについての第一義的責任を有するという基本的認識の下に，家庭その他の場において，子育ての意義についての理解が深められ，かつ，子育てに伴う喜びが実感されるように配慮して行われなければならない」(第3条) とされている。また，地方公共団体や事業主に対して，子育て支援のための対策を，前期・後期それぞれ5年ごとの「行動計画」として策定することを義務づけている。

5）少子化社会対策基本法（2003（平成15）年7月）**と少子化社会対策大綱**

次世代育成支援対策推進法とセットで成立しており，総合的な少子化対策を目的としている。その内容は「育児休業制度の充実，労働時間短縮などによる子育て支援」,「保育サービス等の充実」,「不妊治療を望む者への情報提供や不妊相談，不妊治療研究への助成」,「児童手当や奨学金の充実など経済的負担の軽減」である。

少子化社会対策基本法に基づいて政府が講ずるべき施策の指針として，少子化社会対策大綱が，2004（平成16）年，2010（平成22）年，2015（平成27）年に閣議決定されている。2015年の少子化社会対策大綱は「結婚，妊娠，子供・子育てに温かい社会の実現をめざして」という副題が付けられている。

6）子ども・子育て応援プラン（2004（平成16）年12月）

子ども・子育て応援プランは，少子化社会対策大綱に基づき，エンゼルプランや新エンゼルプランよりも幅広い取り組みについて，2009（平成21）年度までの5年間に重点的・計画的に講ずる施策と目標を掲げている計画である。

7）子ども・子育てビジョン（2010（平成22）年1月）

「子ども・子育てビジョン」は，少子化社会対策基本法第7条の規定に基づく大綱として閣議決定された。基本的な考え方は「社会全体で子育てを支える」,「『希望』がかなえられる」の二つである。①子どもの育ちを支え，若者が安心して成長できる社会へ，②妊娠，出産，子育ての希望が実現できる社会へ，③多様なネットワークで子育て力のある地域社会へ，④男性も女性も仕事と生活が調和する社会へ（ワーク・ライフ・バランスの実現）を政策4本柱とし，施策の具体的内容および2014（平成26）年度までの具体的数値目標を示している。

8）子ども・子育て関連3法（2012（平成24）年8月）

幼児期の学校教育・保育，地域の子ども・子育て支援を総合的に推進するために「子ども・子育て支援法」の制定，「就学前の子どもに関する教育，保育等の総合的な提供の推進に関する法律」の改正およびそれらの施行に伴う関係法の改正が行われた（子ども・子育て関連3法）。主なポイントは①認定こども園制度の改善，②認定こども園，幼稚園，保育所を通じた共通の給付（「施設型給付」）および小規模保育等への給付（「地域型保育給付」）の創設，③地域の子ども・子育て支援事業の充実である。

子ども・子育て支援法は，2016（平成28）年に，事業所内保育業務を目的とする施設等の設置者に対する助成および援助を行う事業の創設などを加えて改正・施行された。

9）「子育て安心プラン」の公表（2017（平成29）年6月）

厚生労働省は，2013（平成25）年度から2017（平成29）年度まで取り組んできた「待機児童解消加速化プラン」を引き継ぎ，「子育て安心プラン」を公表した。そこでは，2018（平成30）年度から2022年度末までに女性就業率80％にも対応できる約32万人分の保育の受け皿を整備することとしている。2017年12月に閣議決定された「新しい経済政策パッケージ」では，これを前倒しし，2020年度末までに整備することとしている。

（3）家庭支援の必要性

さまざまな少子化対策が展開されているが，2017（平成29）年の合計特殊出生率は1.43と低く，人口置換水準の2.08にはほど遠い。さらに出生数は94万6,060人と過去最少の数値である。このような状態は，子育て家庭にとって必要な支援が行われていない結果ともいえる。

また，厚生労働省が発表した2015（平成27）年の子どもの相対的貧困率は13.9％であり，ひとり親世帯の子どもの貧困率は50.8％と半数を超えている。つまり，子どもの7人に1人，ひとり親世帯の子どもの2人に1人が，貧困な生活を余儀なくされている。さらに子どもが巻き込まれる餓死や無理心中などの事件も起きている*8。このような貧困を回避するために，DVを受けながらもそこに留まらざるをえないケースも問題である。

政府は，少子高齢社会における労働力政策ともいえる「ニッポン一億総活躍社会」(2016（平成28）年6月2日閣議決定）において，母子保健法に基づいて各市町村での設置が努力義務とされた「母子健康包括支援センター」を5年間で全国に展開する方針を示した。このセンターは，フィンランドのネウボラ（neuvola）をモデルとするもので，妊娠期から子育て期において，それぞれの段階に対応した支援を包括的に行うことをめざしている。今後，子ども・子育て支援法に基づく地域子育て支援事業を含めた包括的な支援拠点として「子育て世代包括支援センター」の名称で全国に設置していく計画である。

また，子育て支援のなかでも，とりわけ児童虐待の予防や早期対応をめざした支援拠点として「市区町村子ども家庭総合支援拠点」がある。これは，2016年の児童福祉法改正で市区町村による設置が努力義務となったものであり，子育て世代全般を対象とする「子育て世代包括支援センター」に対して，より専門的な相談対応や調査，訪問等による継続的なソーシャルワーク業務を行う支援拠点とされる。すでに市町村に設置されている要保護児童対策地域協議会を中核として，児童相談所との連携や地域の関係機関・施設・団体との協働による支援活動の展開が期待される。

本来は大人であろうと子どもであろうと日本国憲法第25条で保障されている健康で文化的な最低限度の生活を営む権利（生存権）がある。なんらかの理由でこの権利が侵害される場合は，社会的な支援が必要である。

（芦田麗子）

■引用・参考文献

1）森田ゆり『子どもと暴力』p.17，岩波書店，1999
2）レノア・E・ウォーカー，斎藤学監訳，穂積由利子訳『バタードウーマン 虐待される妻たち』pp.60-71，金剛出版，1997

＊8　2013（平成25）年には大阪市で母子家庭の母親と子どもが餓死し，2014（平成26）年には千葉県で家賃滞納で県営住宅から立ち退きが言い渡され，その強制執行の日に母親が「無理心中」を決意し中学2年生の娘を殺害する事件などが起きている。

第5章 家庭養護の理念と里親制度

1．家庭養護の理念

（1）家庭養護とは

家庭養護とは，実親が自身の家庭で子どもを育てることと区別して，里親もしくは小規模住居型児童養育事業（ファミリーホーム）等により，子どもを家庭的な環境の中で養育することを指す。家庭養護は，乳児院や児童養護施設等で養育する施設養護と並ぶ社会的養護の一形態である。家庭養護は，登録された里親の家庭において，児童相談所から委託された1～4名の要保護児童を養護する個別的養護が基本である。家庭養護の代表的なものはこの里親制度である。

さらに，民法上の制度として子どもにパーマネンシー（永久的）な家庭を用意する家庭養護の形態として，養子縁組制度がある。

社会的養護を必要とする子どもの最善の利益を確保するためには，特に乳幼児期においては，これらの家庭養護が優先的に考慮されるべきである[1)]。

（2）社会的養護の一形態としての家庭養護

児童憲章には「すべての児童は，家庭で，正しい愛情と知識と技術をもって育てられ，家庭に恵まれない児童には，これにかわる環境が与えられる」と謳われている。本来子どもは実親のもとでの家庭で育てられるべきであるが，様々な事情で家庭に恵まれない児童には，それにかわる養育環境が与えられなければならない。この環境を社会が用意するしくみが社会的養護であり，それは，施設養護と家庭養護の2本柱からなっている（図5-1）。

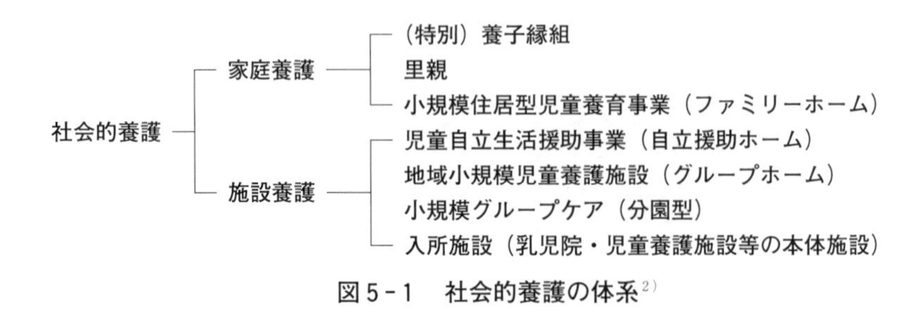

図5－1　社会的養護の体系[2)]

家庭養護は，里親家庭等での親密な生活を通して，子どもが養育者との愛着関係を形成することができるところにその意義がある。特に乳幼児期は，特定の人間への基本的信頼感が醸成される大事な時期である。このことから，家庭養護は，本来的に要養護児童にとってより望ましい社会的養護の形態であるといえる。また，施設養護の形態であっても，可能な限り家庭的な環境において安定した人間関係の下で育てることができるよう，家庭的養護（次項参照）を推し進めることとなっている。

（3）家庭養護と家庭的養護

家庭養護に関連して，家庭的養護という言葉がある。ここでは，施設養護と並ぶ里親等の社会的養護の形態を家庭養護とよぶことにするが，これを家庭的養護とよぶ場合もある。また，施設養護において追求されている小舎制やホーム制などの家庭的雰囲気による養護の形態を家庭的養護とよぶこともあり，家庭養護という言葉の使い方は必ずしも確定しているわけではない。

本書が，施設養護に対する社会的養護の区分として家庭養護という言葉を使うのは，2012（平成24）年1月16日，第13回社会保障審議会児童部会社会的養護専門委員会，資料3－1「家庭養護と家庭的養護の用語の整理について」により，今後，里親，ファミリーホームを「家庭養護」の言葉を用いると，用語の整理がなされたことに依拠している。もともと養護という言葉は，家庭に代わる社会的な養育のいとなみを指しているのである。

2015（平成27）年厚生労働省「社会的養護の課題と将来像の実現に向けて」

によると，今後は施設の小規模化と家庭的養護の促進の方向が示され，この場合の家庭的養護とは，施設のケア単位の小規模化の意味となっている。

歴史的に見てみると，里親開拓運動を行っている民間団体である家庭養護促進協会は，その前身である家庭養護寮促進協会の設立の時（1961（昭和36）年）から，里親および里親によるグループホームのことを，家庭養護と称していた。

1958（昭和33）年，神戸市の民生局長であった桧前敏彦は，東京で開催された国際児童福祉研究集会で，アメリカのエッティンガー女史による，「家庭に恵まれない児童のニーズについて，施設万能の時代は100年も前に終わり，施設養護から家庭養護へ重心が移ってきた」という報告を聞いて，神戸市に要保護児童の家庭養護を推進する小舎制里親家庭（後に家庭養護寮となる）制度をスタートさせた。家庭養護寮は，欧米のファミリーグループホームをモデルに，5，6人の里子を夫婦で養育するものであった。その後，大阪市にも家庭養護寮が作られ，また，施設養護に対して家庭養護という考え方を普及発展させるために，現在の家庭養護促進協会が1964（昭和39）年に法人として結成された[3)]。

東京都では，1973（昭和48）年より養育家庭制度を始めている。これは養子縁組をしないことを前提に，施設で長期化しやすい子どもの家庭委託先を里親という名称を使わず，養育家庭としている制度である。

（4）家庭養護推進の新たな理念

2016（平成28）年5月児童福祉法の改正があり，家庭養護推進の理念が打ち出された（同年6月施行）。そこで明確化された理念では，家庭における養育が適当でない場合，児童が家庭における養育環境と同様の養育環境において継続的に養育されるよう，必要な措置をとることとされた（児童福祉法第3条の2）。この「家庭における養育環境と同様の養育環境」とは，養子縁組（特別養子縁組を含む）と小規模住居型児童養育事業（ファミリーホーム）および里親を指す。この2016年の改正児童福祉法を具現化した「新しい社会的養育ビジョン」において，原則，就学前の施設入所停止や，7年以内の里親委託率75％以上の数値目標を定め（p.35，図2－4参照），児童養護施設に対しては入所期間を1年以内とし，機能転換を求めている。この改正では，実親による養育が困難であれば，特別養子縁組による永続的な解決（パーマネンシー保障）や，里親による養育を推進することを明確にしている。

2．里親制度の歴史

（1）日本古来からの里親

里親は，日本古来からの慣習としての歴史をもっている。古くは西暦593年頃，聖徳太子が棄児や孤児などを含む人々を保護するため，大阪の四天王寺に四箇院の一つとして悲田院（他は，敬田院・施薬院・療病院）を設けたが，その悲田院で保護しきれない子どもを養母や預乳母などが育て，他人の子どもを預かり育てる制度が存在したという説がある。

また，口碑伝説（昔からの言い伝え）によると，平安時代の後一条天皇の代（西暦1016～1036年）に，公卿で歌人の藤原公任の息女が京都洛北の地に「里子」として預けられたことに始まったと伝えられる。里子とは「村里に預けられた子」のことであり，しだいに実親から他人に養育が委託された子どもの意味となり，預かって育てる人を里親とよぶようになった[4)]。

江戸時代までにもいくつかの里親養育がみられるが，明治以降，日本の近代化や産業革命を背景とする社会問題としての養護問題の発生により，社会的養護の必要性が高まるとともに，里親も新たな広がりを見せはじめた。日本の施設養護の先駆者である石井十次についても，彼が設立した岡山孤児院の子どもたちを里親に委託した例が知られている。しかし一方で，里親が里子を酷使したり，虐待する例も多くみられた。1933（昭和8）年に制定された児童虐待防止法の背景のひとつにも，そのような実情があった。

（2）児童福祉法公布時における里親制度

里親が国の制度として確立するのは，1947（昭和22）年に公布された児童福祉法の制定からである。ここで，里親とは「保護者のない児童又は保護者に監護させることが不適当であると認められる児童を養育することを希望する者であって，都道府県知事が，適当と認める者」と定められた。この規定は，当初は同法第27条の一部であったが，2004（平成16）年の法改正で第6条の3に独立条文となった。

同法制定時には，里親と同時に，保護受託者制度が定められていた。この制度は，「職親」ともよばれ，「保護者のない児童又は保護者に監護させることが不適当であると認められる児童で学校教育法に定める義務教育を終了したものを自己の家庭に預かり，又は自己の下に通わせて，保護し，その性能に応じ，独立自活に必要な指導をすることを希望する者であって，都道府県知事が適当と認めるものをいう」と規定された。しかし，実際にはほとんどこの制度は使われず，結局2004（平成16）年の法改正で廃止された。また，後で述べるような行政措置により，すでに2002（平成14）年から，年長児童の自立支援として，一定の要件を満たす里親が，養育とあわせて職業指導を行えることになった。

（3）家庭養育運営要綱

児童福祉法制定当時は，里親制度に関する規定は，同法第27条の一部に挿入された規定のみであり，詳細は，1948（昭和23）年に厚生事務次官通知として出された「里親等家庭養育の運営に関して」に示されていた。それが，社会情勢の変化や民法等の改正をふまえ，1987（昭和62）年に「里親等家庭養育運営要綱」となる。

同要綱では，里親制度の意義について，「家庭での養育に欠ける児童に，その全人格を養護，育成するための温かい愛情と正しい理解をもつた家庭を与えることにより，児童の健全な育成を図る」とした。また，里親の定義として，「児童を一時的又は継続的に自己の家庭内に預かり養育することを希望する者であつて，都道府県知事が適当と認定したもの」とした。その運営機関としては児童相談所長が中心となること，その他，里親制度の普及や里親の認定，5年毎の再認定，取り消し，委託，指導，里親研修等について規定した。

(4) 2002 (平成14) 年度における里親制度の整備

里親制度の推進を図るため，2002（平成14）年に，「里親の認定に関する省令」および「里親が行う養育に関する最低基準」および「里親制度の運営について」（里親制度運営要綱）が新たに制定され，10月から施行された。これに伴い，「里親等家庭養育運営要綱」は廃止された。

「里親の認定に関する省令」により，里親の種類は，従来からある養育里親，短期里親に加え，親族里親，専門里親が新しく創設された。

「里親が行う養育に関する最低基準」には，養育の一般原則として，「里親が行う養育は，委託児童の自主性を尊重し，基本的な生活習慣を確立するとともに，豊かな人間性及び社会性を養い，委託児童の自立を支援することを目的として行われなければならない」こと，また，里親は都道府県の行う研修を受け，その資質の向上に努めなければならないことが示されている。

さらにこの最低基準では，平等な養育，虐待等の禁止，児童相談所の作成する養育計画の遵守，秘密の厳守，記録の整備，委託児童からの苦情その他の意思表示への対応等についても規定された。特に，専門里親は委託児童の家庭環境の調整への協力もすることとなった。

また，この新たな里親制度に関連して，種々の通知により，様々な取り組みが推進された[*1]。児童福祉施設の最低基準が児童福祉法とほぼ同時期に制定されたのに対し，里親に関する基準の制定については大幅に遅れていたが，日本でもようやく，社会的養護における里親の位置づけが重視されはじめたといえる。

＊1　主なものは以下のとおりである。
①児童福祉施設長は里親をパートナーとして相互に連携し，協働して児童の健全育成を図る。②乳児院に配置されている家庭支援専門相談員は里親への支援に努める。③児童福祉司が里親への委託児童について指導する際，定期的な家庭訪問をすることや児童委員に協力させる。④里親の一時的な休息のための援助（レスパイトケア）を必要とする場合，乳児院，児童養護施設等または他の里親を年７日以内で活用する。⑤里親支援事業として里親研修事業（基礎研修と専門里親研修の２種類）と里親養育相談事業（児童相談所内に里親対応専門の非常勤職員を配置し，里親家庭に対し，委託児童や里親自身に関する養育相談を実施）を定める。

（5）里親制度と養子制度

里親制度は児童福祉法に規定され，養子制度は民法に規定されている制度である。二つの制度は法的には異なるが，どちらも社会的養護の一形態である。

里親制度，特に養育里親は，実親の家庭で育てられない他人の子どもを一時期預かって育てるものである。これに対して養子縁組は，生涯にわたる法的な親子関係を結ぶものである。

里親制度の運用において，なるべく子どもが年少時に里親と里子が養親子関係となることが望ましいという観点から養子縁組に結びつける考え方がある。そもそも養育里親のなかには，もともと養子縁組を望んで養育里親となる人も多い。そこで，子どもが将来にわたって実親の家庭で育てられる見通しがない場合，養子縁組を望む養育里親に委託した上で，里親子関係が良好であれば養子縁組につなげることになる。

養子縁組には明治の民法に規定された普通養子縁組と，1987（昭和62）年の民法改正により，その翌年から施行された特別養子縁組がある。特別養子縁組は，実親による養育が困難・不適当であり，子どもの利益のために必要であると家庭裁判所が認める場合，実親との関係断絶，縁組の原則不解消という形態をとるものである。原則6歳未満を対象とし，法的効果として戸籍に実親名は記されず，養親の長男，長女として記される（2018（平成30）年現在，6歳の年齢要件を引き上げる論点等が法務省で議論されている）。

児童福祉における養子制度の意義は，保護者のない，または家庭に恵まれない子どもに，実の親子関係に最も近い，愛情に満ちた温かい家庭を保障することにある。同時に，養親子関係に法的安定性を与え，養子縁組にいたった子どもが不利益を受けることがないように，その健全な育成を図ることにある。まさに養子縁組制度は，社会的養護におけるパーマネンシー（永続性）の理念を実践したものといえるであろう。

（6）2009（平成21）年度からの里親制度の再編

困難な状況にある子どもや家族に対する支援を強化するため，2008（平成20）

年3月に児童福祉法が改正され，以下の新しい里親制度が2009（平成21）年4月よりスタートした。これにより，里親の種類は，養育里親，養子縁組を希望する里親，専門里親，親族里親の4種類となった。

1）里親制度の改正

里親制度を社会的養護の受け皿として拡充するため，養子縁組を前提としない里親（養育里親）を制度化し，一定の研修を要件とした。つまり，従来の養育里親は養子縁組を行う里親も含まれていた。そのため里親委託を進める際の，養子にとられるのではないかという実親の懸念を払拭するため，一定期間養育のみ行う養育里親と養子縁組里親とを区別したものである。また，従来の短期里親は養育里親に含められた。

また，都道府県の業務として，里親に対する相談等の支援を行うことを明確化し，その業務を一定の要件を満たすものに委託できることになる。つまり，里親支援機関事業が創設された。

2）小規模住居型児童養育事業の創設

家庭的な環境における子どもの養育を推進するため，虐待を受けた子どもなどを養育者の住居において養育する事業（ファミリーホーム）が創設された。これは，5～6人の子どもを養育者の住居で養育するもので，里親，施設と並ぶ子どもの養育委託先として位置づけられた。

3）里親委託ガイドラインの制定

さらに里親制度推進のため，2011（平成23）年に里親委託ガイドラインが制定され，翌年の改正により定期的家庭訪問の回数が規定されたり，里親支援機関を充実させる等の改正が行われた。

4）2016（平成28）年改正児童福祉法と里親制度の強化

2016（平成28）年の児童福祉法改正では，新設された第3条2で，社会的養護児童は「家庭における養育環境と同様の養育環境において継続的に養育される」よう，必要な措置を講じることが国および自治体に義務づけられた。その推進のために児童相談所の業務として，里親に関する相談，情報提供，助言，研修，その他の里親委託推進のための業務を法定化した。また，養子縁組制度

表5-1　里親の種類とその内容

	養育里親	養子縁組里親	専門里親	親族里親
対象児童	要保護児童（何らかの事情により，保護者がいないまたは保護者に監護させることが不適当な子ども）	要保護児童（養子縁組が可能な児童）	次にあげる要保護児童のうち，都道府県知事がその養育に関し特に支援が必要と認めたもの ①児童虐待等の行為により心身に有害な影響を受けた児童 ②非行等の問題を有する児童 ③身体障がい，知的障がいまたは精神障がいがある児童	次の要件を満たす要保護児童 ①当該親族里親の三親等内の親族（例えば，祖父母，おじおば） ②両親その他要保護児童を現に監護する者が死亡，行方不明または拘禁等の状態となったことにより，これらの者による養育が期待できないこと
委託期間	児童が18歳未満なら制限なし（ただし都道府県知事が必要と認めるときは満20歳まで継続できる）	養子縁組成立まで	原則として2年以内	養育里親と同じ
委託児童の最大人数	4人まで。実子等を含む場合は6人まで	制限なし	①養育里親に同じ ②同時に養育する委託児童の人数は2人まで	制限なし
里親の資格要件	①心身ともに健全であること ②児童の養育についての理解及び熱意並びに児童に対する豊かな愛情を有していること ③経済的に困窮していないこと ④児童の養育に関し虐待等の問題がないと認められること ⑤「児童福祉法」及び「児童買春，児童ポルノに係る行為等の処罰及び児童の保護等に関する法律」の規定により罰金以上の刑に処せられたことがないこと	養育里親と同じ。里親の年齢は，子どもが成人（20歳）したときに概ね65歳となるような年齢が望ましい	養育里親の①～⑤の条件に加え，⑥次のいずれかに該当すること　ア）養育里親名簿に登録されている者であって，養育里親として3年以上の委託児童の養育の経験を有するものであること　イ）3年以上児童福祉事業に従事した者であって，都道府県知事が適当と認めたものであること　ウ）都道府県知事がア，イに該当する者と同等以上の能力を有すると認定した者であること ⑦専門里親研修の課程を修了したこと ⑧委託児童の養育に専念できること	養育里親と同じ。ただし，③経済的に困窮していないことの要件は適用されない
登録の有効期間	5年間	登録制度あり	2年間	登録はされず，委託が解除された時点で認定は解除される
備考	一定の研修受講が必要	必要に応じて養育里親への研修を活用	専門里親研修とは約3か月の認定研修で，通信教育8教科，スクーリング4教科，実習7日間を要する	必要に応じて養育里親への研修を活用

についての相談，情報提供，助言その他の援助を行うことも明記された。

2017（平成29）年現在の里親の種類とその内容は，表5-1のとおりである。

3．日本における里親制度の現状と課題

（1）統計データにみる里親制度の現状

1）登録里親数と委託児童数

日本における里親制度の現状についてみてみよう。まず，登録里親数については，図5-2のとおり，1965（昭和40）年には18,230人であったものが，年々減少していることがわかる。2000（平成12）年には7,403人までになったが，その後里親制度改革や家庭養護の推進が図られ，2016（平成28）年度には11,405人となっている。

実際に里親に委託されている児童数は，1965年には6,909人であったが，2000年度は2,157人と落ち込み，近年の家庭養護推進施策の展開等により，2016年度には，5,190人に増加している。

2）里親の種類と委託児童の年齢

図5-3をみると，里親の種類では，養育里親が多く，次に親族里親となっている。また，年齢別では小学生が多く，次に幼児が多い。

3）養子縁組の推移

図5-2の中には，里親数・普通養子縁組・特別養子縁組の成立および離縁件数の推移を示すデータが示されている。近年微増していることがわかる。

4）里親委託児と児童養護施設入所児の養護問題発生理由

表5-2をみると，里親委託児は児童養護施設入所児の15％程度であることがわかる。養護問題発生理由別でみると，里親委託児では養育拒否，父母の死亡が多く，養護施設児では父母の虐待・酷使，父母の放任・怠惰，父母の精神疾患等が多くなっている。

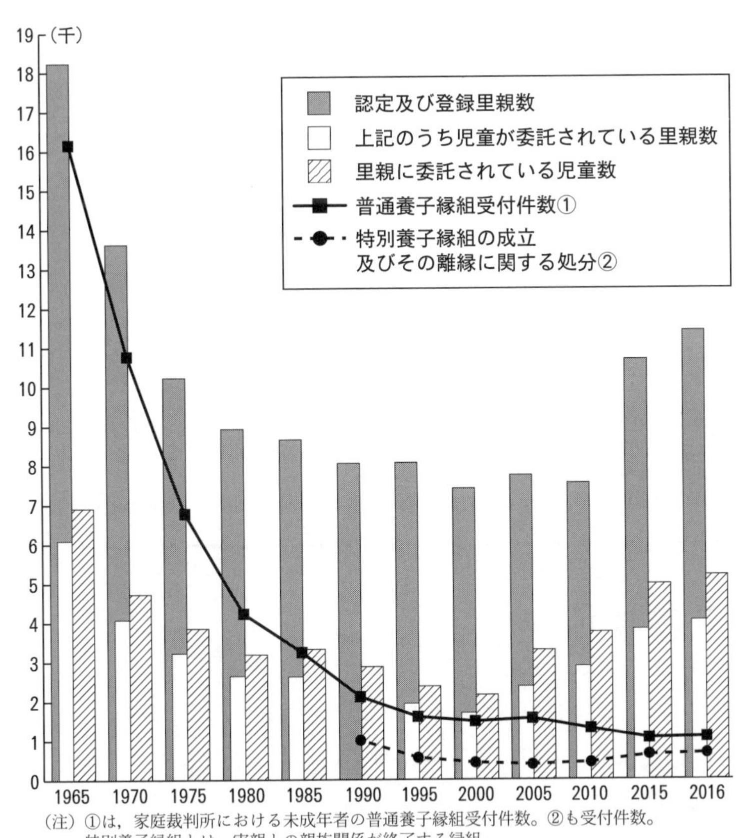

（注）①は，家庭裁判所における未成年者の普通養子縁組受付件数。②も受付件数。
特別養子縁組とは，実親との親族関係が終了する縁組。
資料：厚生労働大臣官房統計情報部「社会福祉行政業務報告」 最高裁判所事務総局「司法統計年報：家事編」

図5－2　里親数・里親委託児童数，普通養子縁組・特別養子縁組の成立及びその離縁件数の推移[5)]

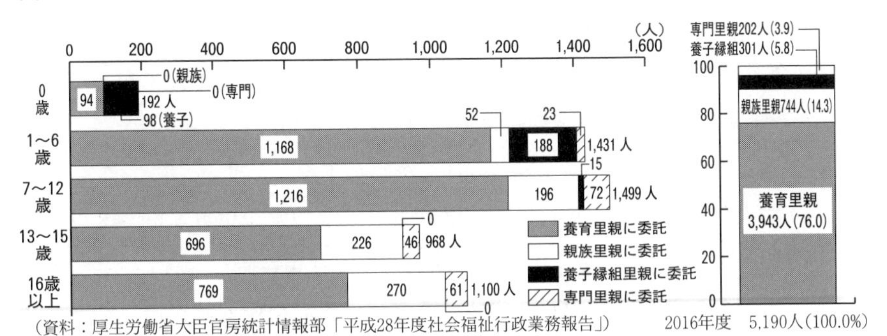

（資料：厚生労働省大臣官房統計情報部「平成28年度社会福祉行政業務報告」）

図5－3　年齢階層別，種類別里親委託児童数[5)]（2016（平成28）年度末現在）

表5－2 養護児童等の養護問題発生理由別児童数

2013（平成25）年

区分	里親委託児		養護施設児	
	人数(人)	割合(%)	人数(人)	割合(%)
総数	4,534	100.0	29,979	100.0
父母の死亡	516	11.4	663	2.2
父母の行方不明	487	10.7	1,279	4.3
父母の離婚	97	2.1	872	2.9
父母の不和	18	0.4	233	0.8
父母の拘禁	177	3.9	1,456	4.9
父母の入院	158	3.5	1,304	4.3
父母の就労	153	3.4	1,730	5.8
父母の精神疾患等	372	8.2	3,697	12.3
父母の放任・怠惰	477	10.5	4,415	14.7
父母の虐待・酷使	373	8.2	5,411	18.0
棄児	94	2.1	124	0.4
養育拒否	750	16.5	1,427	4.8
破産等の経済的理由	249	5.5	1,762	5.9
児童の問題による監護困難	69	1.5	1,130	3.8
その他	392	8.6	3,619	12.1
不詳	152	3.4	857	2.9

（資料：厚生労働省雇用均等・児童家庭局「児童養護施設入所児童等調査」，2015）

（2）里親委託のしくみ

里親委託の手順は，おおよそ次のような手順となっている。

① 里親希望者は自分の住所地の児童相談所に申し込み，申請書を提出。

② 児童相談所では，里親希望者の調査（動機や子どもの養育経験，生活状況，家族関係など，家族の全般にわたる内容について所内面接や家庭訪問等）を児童福祉司が行う。ほとんどの里親について事前に一定の研修を受講する。

③ 児童相談所長は都道府県知事または指定都市市長に進達。知事や市長は社会福祉審議会に諮問し（意見を聴く），里親として適格性があるかどうかを審議し，審議会はその結果を答申する。

④ 里親として適格ならば知事（市長）が認定する。

⑤ 申請者は，知事（市長）に認定されると，その県や指定都市の里親として登録される（ただし，親族里親は登録制ではない）。

⑥ 登録された里親は，児童相談所にて，その里親への委託が適当とみなされる児童とマッチング（通常は面会や外泊の積み重ね）を行い，その上で，

問題がなければ委託を開始する。

⑦ 児童相談所は，里親養育への支援を継続する。

⑧ 委託児童の要養護性の解消など必要に応じて委託解除が行われる。

なお，里親に児童が委託されると，養育に必要な費用は公費で給付される。

（3）里親養育の難しさと対処方法

里親養育に限らず，血縁によらない子どもの養育，あるいは生育途中からの子どもの養育には様々な問題が発生する。発生する問題は，子どもの年齢や特性により，また育てる側の事情によって異なり，また，様々な困難を伴うが，里親養育の困難さを乗り越えるためのポイントは次のような点である。

1）安心・安全な場の確保

子どもが実の親に育てられない事情には，夫婦の不和や借金，虐待など様々な背景がある。委託前の子どもは，実親の不安定な状況のもとで養育されており，それだけでも不安と混乱のなかで生きてきている。その上に，実親との分離がある。里親に委託された場合には，見知らぬ人・場所のもとで養育されるという状況が加わる。そのような子どもにとっては，まず，安心できる，安全と感じられるような生活の場の確保が真っ先に必要となる。

子どもは，逆境におかれていても大きな適応力を持っている。あせらず子どもの気持ちを受容していくことにより，自身で逆境を克服する力を発揮できるようになる。愛情を注がれることにより自尊心もめばえてくる。

2）試し行動への対応

初めて里親のもとへ子どもが来ると，子どもはどのような年齢であっても必ずといっていいほど，試し行動が始まる。すなわち，子どもは，里親に対して，「この人は自分を本当に受け入れてくれる人だろうか」と試す行動に出る。例えば，排尿のトレーニングができていた子どもが，あちこちでおしっこを失敗するなどである。ここで里親は，あせることなく十分に「赤ちゃん返り」をさせるなど，子どもが里親を信頼できると感じるまでつき合う必要がある。もちろん，子どもの能力や個性等その特性を受け入れ，必要な場合には，愛情だけでなく適切な治療等を保障することも重要である。

3）家族の人間関係への配慮

子どもが里親家庭の新しい家族の一員になると，それまでの家族の人間関係の構造が変化する。夫婦だけの場合でも，それまで大人のペースで進めていた生活スタイルを子どものペースに合わせたものにする必要がある。まして，実子や先に来た養子や里子がいると，嫉妬やいじめが起こるなど里親をてこずらせるようになることがある。なぜそういう行動を起こすのか，子どもの立場に立ち，子どもの気持ちを受けとめることが重要である。

4）生みの親との関係と真実告知

子どもの権利条約第7条に規定されているように，すべての子どもはその父母を知る権利を持っている。実親についてまったく音信不通，あるいは棄児の場合であっても，里親委託された子どもには，実親の存在やわかる限りの状況を知らせる必要がある。もちろん，子どもの年齢や成熟度により，知らせる時期や内容については考慮する必要がある。青年期になって突然真実を知らされた場合，アイデンティティが確保されず悩むことになる場合もある。

里子や養子である事実についての真実告知は，里親の愛情のもとで，できるだけ幼児の頃から繰り返し行われる必要がある。また，養育里親であれば，実親が引き取れるよう，常に親子関係の調整をしていく必要がある。子どもには忠誠葛藤(里親と実親のどちらかに忠誠心を持たなければならないとする葛藤)が起こることもあり，そのような子どもの心が徐々に整理されるよう，冷静に，かつ愛情を持って受けとめていく必要がある。

5）地域との関係

里親が子どもを預かったとき，学校や近所の人たちにどのように説明し，あるいは紹介するか等は悩むところである。養育里親の場合は，できるだけ里親であることをオープンにし，地域の理解や協力を得るよう努めることが望ましい。ただし，子どもの事情の詳細については，守秘義務があるので話せないことをきっぱりと伝える必要がある。

6）里親会での交流とピアサポート

都道府県や指定都市には里親を会員とする里親会ができている。その全国的な組織としては公益財団法人全国里親会がある。里親の自助グループとして活動し，情報交換や交流，親睦，研修会等を行っている。同じ悩みを持つ里親同士が支援し合い，支え合っている。

（4）なぜ日本で里親制度が進まないのか

すでに述べたように，2002（平成14）年度より，「里親の認定に関する省令」および「里親が行う養育に関する最低基準」が新たに制定され，その後2009（平成21）年および2016（平成28）年改正児童福祉法により日本の里親制度は新たな展開に向けて動き出した。これまで，日本では，養護相談において親子を分離する必要があるときに，子どもの最善の利益を確保する方法として，家庭養護，特に里親委託を優先的に考慮・利用するという視点には立っていなかった。現実には，依然として施設養護が主流であるし，里親委託が飛躍的に進んでいるとは言い難い。

しかし，2011（平成23）年に打ち出された「里親委託ガイドライン」（厚生労働省通知）において，「里親委託優先の原則」が示され，社会的養護が必要な子どもには，施設養護よりも里親委託を優先して検討すべきと明記された。このことにより，2016年の児童福祉法改正とともに，今後は家庭養護推進の重要性が認識され，社会的養護全体の３分の１程度は家庭養護となる日も間近いかもしれない。だが，欧米のように家庭養護が主流となるには，まだほど遠い。

その要因として考えられることは，まず里親の候補者が少ないことである。そのため，子どもが里親候補とうまくマッチする確率も少ないことになる。里親制度推進の中心となるべき児童相談所が，児童虐待等の相談・対応で多忙であり，里親開拓や委託の推進等の業務に十分な力をさけない状況も背景にある。

また，国の姿勢の問題として，里親のPR不足，安心して子育てができる里親家庭環境の整備不足等が考えられる。児童相談所の職員配置も不十分であり，全国の児童相談所で里親担当の専任児童福祉司（常勤）が配置されているところは少ない。その結果，里親委託には児童福祉司の頻繁な家庭訪問などで里親をサポートする必要があるが，人数不足等からその手間隙をかけられず，施設入所措置の方が手っ取り早いという実態もある。

さらに，里親制度が低迷している遠因として，日本社会が，子育てそのものが楽しいと感じられる社会となっていない点，非血縁家族への偏見が依然として残存している点，宗教的な背景を含む文化的要因等があると思われる。

昨今，虐待を受けたことなどにより情緒面・行動面で問題を抱えている子どもが増加している中，愛着関係を形成しやすい里親の役割が重要と認識し，今後，国，地方自治体，児童福祉施設，地域住民等が一丸となって里親制度を進めていく必要があるだろう。

（才村眞理）

■引用文献

1）国連・子どもの権利委員会「一般的見解」第7号（2005年11月）第36項
2）厚生労働省雇用均等・児童家庭局家庭福祉課監修『子どもを健やかに養育するために―里親として子どもと生活をするあなたへ―』p.15，日本児童福祉協会，2003（上記図を元に筆者加筆・修正）
3）「家庭養護とは何か（キイワードで綴る愛の手運動のあゆみ）」家庭養護促進協会大阪事務所，pp.5-7，2001
4）厚生労働省雇用均等・児童家庭局家庭福祉課監修『子どもを健やかに養育するために―里親として子どもと生活するあなたへ―』pp.18-19，日本児童福祉協会，2003を参考にし，まとめたものである。
5）愛育研究所編『日本子ども資料年鑑2018』KTC中央出版，2018
6）中央法規出版編『改正　児童福祉法・児童虐待防止法のポイント』pp.5-7，37-39，112-113，中央法規出版，2016

第6章 乳幼児の生命と健やかな育ちの保障

1．乳幼児の生命の危機

(1) 乳幼児虐待

子ども期の出発点である乳幼児期は，将来に向けて最も大きな可能性を持つと同時に，その時点では最も弱く傷つきやすい時期である。児童虐待がもたらす危険性の面からみても非常にリスクの高い時期にあたる。

2004（平成16）年4月に改正され，10月に施行された「児童虐待の防止等に関する法律」（児童虐待防止法）に基づいて社会保障審議会児童部会の下に設置された「児童虐待等要保護事例の検証に関する専門委員会」は，「子ども虐待による死亡事例等の検証結果等について」第14次報告を2018（平成30）年8月に行った。この検証は，2016（平成28）年4月から2017（平成29）年3月31日までに起こった児童虐待の死亡事例として厚生労働省が把握している67事例・77人（心中による子どもの死亡事故18事例・28人を含む）に対して行ったものである。

その内容（心中事例を除く事例）を49例49人についてみてみると，死亡した32人（61.4％）が0歳の乳児であった。特に，0か月児が50.0％と一番多く，乳児期における「乳児家庭全戸訪問事業」や「養育支援訪問事業」などの保健分野における支援体制の重要性が指摘されている。次に虐待の種類をみてみると身体的虐待が55.1％と多く，次がネグレクトの38.8％である。直接死因は「頭部外傷」が22.2％と最も多い。虐待者の続柄をみてみると，実母が61.2％，次いで実母と実父が16.3％である。これは，いかに乳幼児期（特に乳児期）が虐待によって死亡する危険性の高い時期かということを示している。

さらに，実母の抱える問題として，「予期しない妊娠／計画していない妊娠」が49.0％と最も多く，「妊婦健康診査未受診（回数が極端に少ない）」「母子健康手帳未発行」「乳幼児健康診査未受診」などが挙げられている。また，要保護児童対策地域協議会で取り扱われていた事例は12例（24.5％）にすぎなかった。このことは，児童虐待防止のシステムがしっかりと市町村に根付いて活用されていないことを示唆している。ほかの調査内容をみてみると，母親や家族が地域から孤立していたり，精神的な病を抱えていたりしている結果が明らかになっている。

死亡に至らない場合でも，児童虐待は乳幼児の健康や発達に否定的な影響を及ぼす。乳幼児は，身体的特徴からみて，子ども期全体をとおして最も弱い立場にあり，その生存と発達の権利は，大人による適切な保護によってはじめて保障される。いいかえれば，大人による保護が受けられない場合や不適切なかかわりがなされるような状況に対して，その生存と発達の権利を自ら確保することは極めて困難である。その結果，乳幼児は虐待による被害を最も受けやすい立場にあるといわざるを得ない。そのような事態を未然に防ぐ必要があることはいうまでもないが，児童虐待とりわけ乳幼児虐待が急増している現状をふまえると，可能な限り早期発見・早期対応の取り組みを進める必要がある。

また同時に，虐待された乳幼児が，本来保障されるべき大人との適切なかかわりを取り戻し，その小さな体に豊かな人間性を育むことを援助するような取り組みが必要である。そのような取り組みを担うことは乳幼児養護の重要な役割であり，その実践によって救われる多くの子どもたちもいるのである。

乳幼児のなかでも特に乳児に関してそのような実践を行っている児童福祉施設が乳児院である。乳児院は，児童福祉法第37条で「乳児（保健上，安定した生活環境の確保その他の理由により特に必要のある場合には，幼児を含む。）を入院させて，これを養育し，あわせて退院した者について相談その他の援助を行うことを目的とする施設とする」と規定されており，児童養護施設とともに，乳幼児の生命と健やかな育ちを保障するために不可欠な役割を果たしている。

（2）乳幼児の健康と安全の確保

乳幼児のなかでも特に乳児は，健康の面で非常にリスクが高い時期である。2015（平成27）年人口動態統計をみてみると，0歳児の死亡死因順位の第3位が乳幼児突然死症候群（SIDS）13.6%となっていることに注目したい。1995（平成7）年より第3位の位置にある。ちなみに第1位と第2位は先天奇形等および呼吸障害等である。

乳幼児突然死症候群（SIDS）は，原因がはっきりしていないとはいえ，保育所や乳児院の危機管理の面で対応を要する重要な課題である。国としても，2005（平成17）年3月には厚生労働省研究班が「乳幼児突然死症候群（SIDS）に関するガイドライン」を公表している。

その「ガイドライン」の中では，「SIDSの大半は，最も社会的に脆弱な生後6か月未満の乳児であり，またその発症に保育環境が関与するところから，適切な保育環境が重要であること，母親や父親，その家族の存在が大きいこと，などを一般社会に啓発していくことが重要である」と述べている。乳幼児の健康にかかわる問題は，社会的な課題であるといえる。

乳幼児の健康と安全は，発達に応じて確保する必要がある。かぜにより痰をのどに詰まらせて呼吸困難になるなど，乳児だからこそ十分な配慮をしなければならないことがある。また，1～4歳までの死因に関しては，不慮の事故が第2位である。はいはいや歩行をしはじめた子どもは，大人がちょっと目を離したときに事故にあう。事故は，興味や関心，好奇心旺盛な時期にある子どもたちへの大人の配慮やかかわり方が不十分であったときなどに起きてしまう。

さらに注目しておきたいことは，乳児院入所児童の健康状態である。近年，健康面の問題をもつ乳児の入所が増えており，その対応は乳児院の今後の課題でもある。全国乳児福祉協議会の2017（平成29）年3月31日現在の統計によれば，健全が48.6%，病虚弱児が49.1%，障がい児が2.3%となっている（表6-1）。また，被虐待経験が約3人に1人ある（p.36，図2-5）。被虐待児・障がい児・病虚弱児対応は，こんにちの乳児院の基本課題であり，ケアの質の高度化とともに，職員配置など養育体制の抜本的改善が求められている。

表6-1　入所児童の心身の状況（入所前・在所中の顕在化を含む）[1)]
〔平成28年4月1日～平成29年3月31日までの新規入所児童〕

<table>
<tr><th colspan="2">健常・病虚弱・障害等</th><th>人数</th><th>%</th><th>%</th></tr>
<tr><td></td><td>健全（下記にあてはまらない）</td><td>953</td><td>48.6</td><td>48.6</td></tr>
<tr><td rowspan="8">病虚弱児（計963）</td><td>呼吸器疾患</td><td>139</td><td>7.1</td><td>7.1</td></tr>
<tr><td>アレルギー疾患</td><td>83</td><td>4.2</td><td>4.2</td></tr>
<tr><td>精神・神経疾患</td><td>106</td><td>5.4</td><td>5.4</td></tr>
<tr><td>超低出生体重児（1,000g 未満）</td><td>23</td><td>1.2</td><td rowspan="3">9.1</td></tr>
<tr><td>極小低出生体重児（1,000～1,500g）</td><td>30</td><td>1.5</td></tr>
<tr><td>その他の低出生体重児（1,500～2,500g）</td><td>126</td><td>6.4</td></tr>
<tr><td>感染免疫疾患</td><td>142</td><td>7.2</td><td>7.2</td></tr>
<tr><td>その他</td><td>314</td><td>16.0</td><td>16.0</td></tr>
<tr><td rowspan="5">障害児（計46）</td><td>重症心身障害児</td><td>5</td><td>0.3</td><td rowspan="5">2.3</td></tr>
<tr><td>脳性麻痺・肢体不自由</td><td>12</td><td>0.6</td></tr>
<tr><td>知的発達遅滞</td><td>12</td><td>0.6</td></tr>
<tr><td>染色体異常</td><td>13</td><td>0.7</td></tr>
<tr><td>重度視覚障害・重度聴覚障害</td><td>4</td><td>0.2</td></tr>
<tr><td></td><td>合　計</td><td>1,962</td><td>100.0</td><td>100.0</td></tr>
</table>

2．乳幼児の健康の確保

（1）乳児院への入所理由

「平成28年度全国乳児院入所状況調査」(厚生労働省)によると，乳児院新規措置児童の入所理由は，虐待が38.8%と最も多く，次いで両親の精神疾患17.9%，特に母親の精神疾患が16.2%，次いで母の疾病5.8%となっている。「精神疾患」には，うつ病や統合失調症，人格障がい，アルコール依存症などがあり，母親がアルコール依存症である場合には，子どももその影響を受けてアルコール症候群である可能性がある。また，身体的虐待ケースとして入所してくる場合には，頭骸内出血後遺症や骨折など，医療機関でのケアを要することもある。

入所児童の生命・生存の権利を保障するために，新生児医療センターや小児科との連携は欠かせない。またそれ以上に，入所児童がやがて安心して家庭に帰ることができるための親支援も重要な課題となっており，精神障がいを抱えている父母への援助のために精神科などとの連携も重要になってきている。

（2）乳幼児の病気

乳児院での日常のケアにおいて，健康管理とともに病気の治療や予防は重要な要素である。乳児院の日常は病気との闘いといっても過言ではない。乳幼児の病気とはどのようなものがあるのか，代表的なものを挙げておこう。

流行性耳下腺炎（おたふくかぜ），水痘（水ぼうそう），風疹，麻疹（はしか）はよく聞く病名である。その他に，溶連菌感染症，伝染性膿痂症（とびひ），ヘルパンギーナなどあまり聞き慣れない病名もある。また，インフルエンザや胃腸かぜのように季節的に猛威を振るうものもある。

病院と違い，少ない看護師で対応する乳児院では，保育士の役割はもちろん，主治医との連携が子どもたちの健康維持には欠かせない。

3．乳児院が果たしてきた役割

（1）役割の歴史的変化

乳児院の役割は，歴史とともに変化してきている。乳児院は，児童福祉法が制定された1947（昭和22）年には看護婦（師）が職員配置の中心であった。その背景には，15年に及んだ戦争により国民生活が疲弊し，満足な食料も医薬品もない状況のもとで，最も弱い立場の乳幼児がそのしわよせを受けていたという状況がある。特に乳児院入所児のほとんどは，結核や肺炎などの病気を抱えており，その治療は乳児院の基本的な役割であった。

現在の児童福祉施設設備運営基準をみてみると，看護師を保育士に代えることができるとなっている（詳しくは児童福祉施設設備運営基準第21条参照）。その他，児童福祉施設設備運営基準の中では，家庭支援専門相談員や心理療法担当職員などを置くことが規定されている。

戦後間もない状況下では，乳児の健康の維持と生命の保障が乳児院の最大の役割であったが，その後の高度経済成長とともに乳幼児保健・医療の改善が進み，乳幼児死亡率も減少した。その一方で，社会構造は大きく変化し，核家族化，少子化が急激に進み，新たな家族問題が発生するようになると，乳児院も新たな役割を果たすようになった。特に1990年代後半以降には，親が子を死亡に至らしめる虐待死事例を含めた児童虐待が急増している。乳児院の役割は，入所児だけでなく，社会全体の乳幼児が安心して生活できる家庭や地域社会づくりへと変化しており，そのために，様々な専門性が必要とされてきている。

乳児院では「保育看護」という言葉が使われている。この言葉は，保育士と看護師がそれぞれの専門性を生かしつつ，相互理解していくなかで乳幼児をケアしていくことを意味している。そこでは，相談員の専門性と心理職の専門性を加え，今まで以上に子どもの生命・生存の保障と権利擁護に最善を尽くすことがめざされている。

(2) 愛着関係の保障

乳児とは1歳未満の児童のことであるが，乳児院では，1歳になったから児童養護施設へすぐに措置変更するということはなく，実際には年齢超過した子どもについても対応してきた。1997（平成9）年の児童福祉法改正では，乳児院の入所対象年齢はおおむね2歳未満までという表記になり，乳児院の実態に合わせた形となった。さらに，2004（平成16）年の法改正では2歳になり，2007（平成19）年の法改正では，分離不安の強い2歳前後の時期に児童養護施設や里親に措置変更することは発達上大きな問題があるという観点から，入所年齢が就学前までに拡大された。また一方で，乳児から児童養護施設に入所できるようにもなった。

このときに論議されたのは，「ケアの連続性」ということである。乳児院に入所する段階で親と別れ，2歳の誕生日になると，措置変更という名のもとに，再び，新たに愛着を形成した大人（乳児院の職員）と別れるということは人格形成上問題であるという意見がたかまったのである。

その結果，大人との関係を分断することなく幼児期を過ごしていける環境整備をめざして法改正が行われたといえる。ただし，2歳を超過した子どもたちを現状の乳児院で生活させることができるのか，児童養護施設との関係で，措置費や職員配置を定めた児童福祉施設設備運営基準の違いをどうするのか，また，愛着関係を保障するために，乳幼児期の社会的養護は里親等家庭養護を原則とすべきであるとする社会的動向の中で，里親開拓やマッチングの業務を含めその受入れ体制が質，量ともに不足している現状，児童相談所等関係機関や里親と乳児院との連携整備など，多くの課題が山積している。

乳幼児を対象にしている乳児院では，「どのように愛着形成を成立させるか」が最大の役割である。乳幼児期に安心し信頼できる大人とかかわりを持つことができないということは，その後の思春期・青年期に大きな影響を与えてしまう。本来の愛着対象者である実親等の保護者との愛着関係の築き直しも課題であり，これを支援することも乳児院の不可欠な役割である。

さらに，乳児院で築いた愛着関係は，退所後においても，少なくとも幼児期の間は保ち続ける必要がある。その意味で，アフターケアは重要であり，また，児童養護施設など他の施設においても同様の必要性があることから，2005（平成17）年に行われた児童福祉法改正では乳児院や児童養護施設などの目的に「退所した者について相談その他の援助を行う」という内容が盛り込まれた。

4．乳幼児の生活―発達保障と権利擁護

（1）発達めまぐるしい乳幼児

乳幼児期に信頼できる大人とのかかわりを形成することができたかどうかは，思春期・青年期に大きな影響を及ぼす。したがって，とりわけ乳児院においては，個の発達状態をしっかりと見据えた援助が重要である。

乳児期（出生から１歳未満まで）は月齢ごとに，幼児期（１歳から小学校に就学するまで）は年齢ごとに，急激な成長を遂げていく時期である。

乳児期には新生児（出生から４週間まで）とよばれる時期がある。この時期は，睡眠・食事・排泄を中心に生活が成り立っている。その生活リズムは２，３時間という非常に短いサイクルである。６か月を過ぎると，その生活リズムが６～８時間と変化してくる。７か月を過ぎると，２回睡眠へと移行していくと同時に授乳もミルクから離乳食へと変化し始め，排泄回数にも大きな変化が

生じてくる。

運動面においても，仰向けからうつ伏せへ，そして，首がすわる，寝返りを打つ，座位，ずり這い，四つ這い，高這い，伝い歩き，ひとり立ち，ひとり歩きと，1年間の間に急速に成長を遂げていく。

対人関係においては，生まれた直後には視覚認識は困難だが，聴覚認識はできており，音に対する反応は敏感である。1か月もすれば視覚認識も十分にでき，対応している大人を追視したり，大人の「あやし」に対して笑うという行為が出てくる。その後は，快，不快の分化ができて，泣く，笑うという感情表出が豊かになってくる。この時期の特徴を学ぶには非常に多くの内容が含まれているが，ちなみに，発達の節目は3の倍数ごとに訪れると考えてよい。すなわち，3か月（追視），6か月（四つ這い），9か月（人見知り），12か月（歩行），3歳（自我）などの時期ごとに大きな特徴が現れてくる。

このようにめまぐるしい発達をしていく時期に，標準的な特徴をおさえつつも，一人ひとりの子どもの生存と発達の必要に応じた適切な援助をしていくことが重要である。乳児院では，乳幼児の生命・生存を確保すると同時に，発達に即した生活リズムづくりを基本に，遊びや声かけなどをとおして，乳幼児の発達を保障する生活づくりを追求しているのである。

（2）人間関係の基礎づくり

すでに述べたように，大人との愛着関係を形成することは，乳幼児期の非常に重要な課題である。

人間は，母親の胎内で約10か月を過ごし生まれてくる。生まれた後も，添い寝や抱っこ，授乳などによって母親からの十分なスキンシップを受け，母親を中心とした周りの大人との間に愛着関係を築いていく。やがて親元を少しずつ離れながら社会性を身につけ自立していく。

愛着形成に関してはいくつかの特徴があるが，ここでは次の4点を確認しておきたい。

① 愛着行動は，決して一人に対してだけでなく，少数の大人との間に成立

する（優先順位がある）。

② 一度つくられた愛着は簡単には消えない（3歳までにほぼ形成）。

③ 愛着とは，対人関係において安心感を得ることである。

④ 愛着形成の目安は人見知りにある。

乳児院に入所してきたときに，それまでかかわってきた大人との間に愛着が形成されているかどうかを見極めることは，その子どもに関する施設内ケアの内容を策定する上で大きな意味を持つ。

入所前の愛着形成が不十分で，愛着対象者も定まっていなければ，愛着形成が最優先される。その相手は，母親とは限らない。また，家族とも限らない。その対象者が施設職員である場合もある。少なからず施設職員は，入所児の愛着対象者の一人にならなくてはいけない。

しかし，施設職員が生涯にわたってその子どもとかかわるわけにはいかない。そこで，特に親や家族との関係の再構築が難しいケースについては，施設職員以外にも愛着対象者をつくらなくてはならない。そのひとつとして挙げられるのが，養育里親の存在である。また，乳幼児期にしっかりとした愛着形成を確立するという意味から，特別養子縁組の可能性を追求することも望ましい。

愛着関係をつくり上げていく上で重要なことは，乳幼児の安心感である。その点では，乳幼児の生活のなかでかかわる大人（職員）自身が，安心して生活（労働）することができ，子どもにかかわることができるかどうかが問われる。また，その安心感は，快，不快などの感情・感性が豊かに芽生え，自由に表現することができるような環境のなかでこそ保障される。身近にいる大人（職員）として，不快を快に変えていくような働きかけを積極的に行おうとする姿勢に立つことも愛着形成の基盤である。

（3）乳幼児の「気持ち」や「思い」の尊重

大人（職員）が，毎日の乳幼児とのかかわりのなかで，乳幼児の不快を快に変えることができるためには，大人（職員）自身に豊かな感性が必要である。大人（職員）は，乳幼児の泣くという意思表示に対して気づいてやり，五感で感じとってやり，不快を快に変えるという一連の流れをつくり出す必要がある。大人（職員）には，乳幼児が抱く不快に敏感に気づき，その「気持ち」を共感的に感じ取る感性が必要である。さらに，声かけなど乳幼児との相互のやりとりをとおして，その不快を取り除く行動に移してあげることが必要である。これができなかったならば，乳幼児はより大きな不快を抱くことになる。このことは，子どもの権利条約第12条に規定される「子どもの気持ちや思いを表現する権利」を保障することにつながる重要な要素である。

大人（職員）は，乳児はしゃべらないからわからないとか，抱き癖がつくから，忙しいなど，大人（職員）側の都合で不快を快に変える重要な役割を放棄することがよくある。このことは施設職員の間でも互いに十分気をつけなければならないことである。人手が足りないとか時間がないなど大きな課題を抱えているからこそ，しっかりと職員集団で確認し合わなければならない。職員集団として，子どもの権利について学び，マルトリートメント（不適切なかかわり）を排除する努力を怠らないことが，一人ひとりの職員の感性を豊かにしていくことにもつながるといえよう。

5．乳幼児期の社会的養護をめぐる課題

（1）愛着関係を築きうる職員配置と子どもの権利保障

乳幼児期は，愛着形成の時期として人間の育ちのなかでも最も重要な時期である。子どもが，生まれてすぐに出会う人間が信頼できる人間かどうかは，その人生に重大な影響を与えることになる。また，それは大人のかかわり方次第で決まるといっても過言ではない。

施設入所してくる子どもたちは，少なからず，親との分離を経験し，分離不安を抱えている。そのような子どもたちにとって最も大切なことは，信頼できる大人（職員）とのかかわりである。そのことを考えるならば，乳児院において職員との十分なかかわりが必要であるにもかかわらず，児童福祉施設設備運営基準では，２歳未満が1.6：１であり，２歳以上３歳未満は２：１，満３歳

以上は4：1の職員配置基準である。子どもたちは24時間365日生活しているが，施設職員は週40時間労働であることから，実質的な職員配置は5：1程度である。1人の職員が，常時5人の乳幼児との間に愛着関係を築く仕事をしているのである。このような条件のなかで子どもの生命・生存と発達の権利を保障することは困難を極めるというべきである。

「日本経済が落ち込んでいるから仕方ない」という理由は通らない。バブルの時代も同じ状況下にあったのである。このような状況が放置されてきたひとつの理由は，大人の意識のなかに子どもの権利への認識がまったく欠如していたからではないだろうか。子どもの権利は，それを自らの力で確保し保障させることができないだけに，社会において何よりも優先されなければならない。医療の進歩により，生命の保障については多少確保されてきたのかもしれないが，親の不和，貧困，虐待など不幸な条件のもとに生まれてきた子どもたちが生きていく保障に関しては十分な対応がなされてこなかった。このことをより多くの大人たちがしっかりと受けとめ，子どもの権利を最優先にしていくということを様々な分野で確認する必要がある。

（2）胎児から始まる育ちの支援

施設入所してきた子どもたちだけではなく，社会全体のなかで乳幼児のおかれている環境を捉え直す必要がある。例えば，生まれてくる子どもを守るということは，子どもを産む母親を守るということである。また，その母親を取り巻く家族を守るということでもある。さらに，乳幼児問題は，家族が生活する地域づくりの問題でもある。

人間が母親の胎内に宿り，この世に生まれ出て，多くの大人に祝福されて自立していくまでには，産婦人科，保健所，小児科医院，保育所，幼稚園，小学校，中学校，高等学校など，多くの専門機関，教育機関がかかわりを持つ。どこかの機関がある時期にどこかで親子とのかかわりを持っていることになる。このことは，子どもたちが抱える様々な問題を早期に発見することのできる体制の要素はすでに整っているということである。あとは，そのつながりの問題である。

人間は胎内にいるときから多くの大人の影響を受けて育ってきている。健やかに育つための最初の支援である保健活動は，従来，生まれてきた赤ちゃんを介しての親子支援が中心であったが，今後は，周産期の妊産婦に対する支援が重要である。妊産婦の精神状態をしっかりと受けとめた保健医療活動，妊産婦のいる家庭への訪問援助活動などを通して，次の機関へとつなげる見通しを持ちながら，全体として家庭支援の基盤づくりを進めていく必要がある。実際，保育士を採用して産後のケアを行っている産婦人科なども増えてきている。

このように，人間の育ちは胎児から始まっていることをしっかりと認識した体制を作り上げていくことが大切である。具体的には，産婦人科医や小児科医と保健師，保健師と保育所・幼稚園の保育者，保育者と小学校の教員等による「支援の連続性」をいかに緊密にしていくかが重要な課題のひとつである。また，その間にある主任児童委員や家庭児童相談室の相談員などが各機関の潤滑油として横のつながりを密にするという地域における支援ネットワークを追求することも重要である。今後，そのネットワークの中心として，各市町村に「子育て世代包括支援センター」が設置される。さらに，特に支援を要するケースについては，各市町村に設置される「市区町村子ども家庭総合支援拠点」およびその中心となる「要保護児童対策地域協議会」の役割が大きなものとなるであろう。

（3）里親との連携

社会的養護を必要とする乳幼児は，児童福祉施設への入所措置だけでなく，里親委託という方法によっても，その生命・生存と発達の権利が保障される。国際的な流れからみると，日本では里親の活用がもっと重視される必要がある(第5章参照)。

2017（平成29）年現在，委託里親数は4,038世帯，委託児童数5,190人，また，313か所，1,355人がファミリーホームに委託されている（p.23，表2－1参照）。一方で，乳児院の入所児童数は138か所，2,801人である。虐待により社会的養護を必要とする子どものうち里親委託は18.3％（2017年３月末現在）であり，都道府県によって委託率の格差が大きく，最高42.4％，最低10.7％となっている。乳児院から里親に委託されることもあるが，その場合，特別養子縁組を前提としたケースが主である。このことは，大人との十分なかかわりを必要とする乳幼児期の子どもたちにとっては非常に喜ばしいことである。しかしその数はまだまだ少ない。

一方，乳児院を退所した子どもの行き先については，2016（平成28）年度中に退所した子どもの44.9％が親元あるいは親戚等に，里親委託（ファミリーホーム含む）14.3％（養子縁組10.3％），措置変更34.3％である。

この数字で里親委託が多いか少ないかということは別にして，ここで考えておきたいことは，入所時点において，子どもたちの退所先として里親がどれくらい考えられていたかということである。要保護児童といっても，親のいない子どもはほとんどいない現代では，どのようなケースに関して里親委託を検討するのかも検討すべき課題である。現実には，多くの子どもたちが，入所時点で里親ではなく乳児院に措置されている。この現状は児童相談所および施設側がしっかりと分析・検討すべき点であろう。

児童相談所は，要保護児童として乳幼児のケースを協議するときに，その子どもの育ちを十分に把握した上で，まず里親を念頭に置きながら，誰にこの子どもを託すことが最もいいのかを検討すべきである。しかし，日本の場合においては，託す場所すなわち子どもたちの受け皿としての里親があまりにも少なすぎる。これからの乳幼児問題を考えていく上で，個別対応ができ，子どもが地域で育つことを保障するという点からも里親の育成は重点課題である。

乳幼児期に大切なことは，信頼でき，安心できる大人とめぐり合うことである。それが乳幼児期の子どもたちにとって最善の利益であることを，とりわけ措置業務にかかわる人，機関が真剣に受けとめ，判断を下してほしいと願う。

（4）これからの乳児院のあり方―「新しい社会的養育ビジョン」と乳児院

厚生労働省は2017（平成29）年８月に「新しい社会的養育ビジョン」を発表

した（第2章参照）。その内容は大きく3つの課題が含まれている。1つ目は在宅支援の強化，2つ目は里親委託の推進，3つ目は社会的養護の機能強化である。特に乳児院においては，入所を減少させていく方向で打ち出された。そこでの今後の乳児院の役割として，以下の3点があげられる。①里親の育成とサポート（フォスタリング事業），②在宅支援のメニューを増やすこと，特に注目されているのが特定妊婦に対する支援である。そして③支援困難なケースが入所対象となっていくことである。

①に関しては，今までは乳児院に入所をさせたうえで，乳児院でさまざまなプログラムを実施し，里子と里親のマッチングを行ってきた。今後は，乳児院に入所することなく里親に直接委託されるため，里親の人材育成が大きな課題となってくる。②に関しては，すでに特定妊婦に対して産前産後ケアに取り組み始めている乳児院が全国的にもいくつか存在しはじめている。在宅支援の強化のどのように参画し，乳児院の専門性を地域に還元していけるのかがこれからの乳児院には求められている。③は，里親委託できないケースが乳児院への入所となる。現状をみても被虐待児の増加や発達障がい児の増加，精神疾患の保護者の増加に伴い，家庭支援が大きな課題になってきている。

乳児院の職員の人材育成も大きな課題となっている。乳児院の実践に歴史的積み重ねはあるとしても，一人ひとりの職員の実践の積み重ねは非常に難しい現状にある。そこで，今後の乳児院にとっては，組織づくりと人材育成が大きな課題となると考えられる。看護師・保育士はもちろんのこととして，家庭支援専門相談員（FSW）や心理担当職員，里親支援専門相談員，個別対応職員，基幹的職員の役割を明確にし，組織づくりを行っていかなければ今後の乳児院としての役割は果たせなくなる。子どもや親への支援で大切なことは，質の高い職員が長い間継続的に支援を行うことである。今後職員の質を向上させ，長く勤めてもらう乳児院づくりをめざすことが最大の課題となる。

<事例検討>

次のAちゃんのケースのような場合，子どもの最善の利益をどのように保障していくのか考えてみよう。

Aちゃん：出生時未熟児・心臓疾患・発育不良
姉　　　：4歳児・保育所通園
父　　親：会社員
母　　親：アルコール依存症
祖　　父：会社役員
祖　　母：病気のため入院中
　母親が出産した病院からの通報で児童相談所が介入する。施設入所を進めるが祖父の反対でなかなか同意が得られない。児童相談所は施設見学を行うなどしながら親からの同意を得る。
　母親は，新生児センターの主治医を信頼している。父親は母親任せである。祖父は非協力的である。ただし，母方の祖母が施設に対して協力的である。ただ，母親をこのような状態にしたのは父方の家族だといい，両家の関係は良くない。

次のB君のケースの場合，①ネグレクト状態であった，②標準より体重が重い，③無表情，などの特徴が挙げられたが，援助者としてどのようなかかわりを持つことが大切であるか考えてみよう。

B　君：生後6か月・体重は標準よりも重い
母　親：本児の面倒はみているという
父　親：不　明
　出産後保健師がかかわりを持つが，ネグレクト状態にあるということで児童相談所に通報する。児童相談所は数回母親に会い，母親の仕事が安定するまで本児を施設に預けることをすすめた。母親も同意し入所となった。
　入所後の施設での様子をみてみると，本児は仰向けになったまま，職員のあやしに反応を示さない。

（児玉俊郎）

■引用文献

1）全国乳児福祉協議会報告書，平成28年度全国乳児院入所状況調査，2018

第7章 児童養護施設の歴史と自立支援

1．児童養護施設の歴史

児童養護施設は，歴史的にみると，第二次世界大戦以前は民間の篤志家，宗教家による孤児院として発足したが，その多くは，戦後，日本国憲法のもとに制定された児童福祉法に基づく児童福祉施設として，戦災孤児・浮浪児等を保護するために急増設された。その後，児童養護施設は，日本の社会のしくみのなかで作り出された諸問題，例えば，親の失業，疾病などの労働・生活問題や，これらを契機とした親の「行方不明」，「入院」，あるいは子どもに対する「虐待」など様々な理由により，家庭で暮らすことができない子どもたちの最終的な生活保障の場としての役割を果たしながら現在に至っている（表7-1）。

本節では，児童養護施設とそれを取り巻く社会情勢，そこで暮らす子どもと親の生活状態の変遷について，第二次世界大戦後から今日までを概観する。第二次大戦以降を概観する理由は，日本の社会福祉制度が，恩恵としての慈善事業ではなく，国民の権利として制度化されたのが第二次大戦後における日本国憲法制定とこれに基づく児童福祉法制定以降だからである。時代区分としては，時代背景の特質に基づいて，（1）第二次大戦後の混乱期，（2）高度経済成長期，（3）オイルショック以降の不況期，（4）バブル景気と崩壊以降の不況期，（5）市場原理強化・構造改革期，の五つに区分した。さらに，（6）社会的養護に関する近年の政策動向として，その動きを記している。

表７－１　児童養護施設への入所理由　（単位：％）

入所理由＼調査年度	1961	1970	1977	1983	1987	1992	1998	2003	2008	2013
親の死亡	21.5	13.1	10.9	9.6	7.5	4.7	3.5	3	2.4	1.4
親の行方不明	18	27.5	28.7	28.4	26.3	18.5	14.9	11	6.9	1.1
父母の離別	17.4	14.8	19.6	21	20.1	13	8.5	6.5	4.1	2.0
棄児	5	1.6	1.3	1	1.3	1	0.9	0.8	0.5	0.3
父または母の長期拘禁	4.3	3	3.7	3.8	4.7	4.1	4.3	4.8	5.1	4.5
父または母の長期入院	16.2	15.7	12.9	12.8	11.5	11.3	9.2	7	5.8	4.2
父母ともに就労	3.3	1.8	1	0.7	1.1	11.1	14.2	11.6	9.7	2.8
虐待・酷使	0.4	2.5	2.4	2.4	2.9	3.5	5.7	11.1	14.4	35.2
放任・怠だ	5.7	4.7	4.5	5.6	6.3	7.2	8.6	11.7	13.8	13.4
父または母の精神障害		5.6	5.1	5.5	5.2	5.6	7.5	8.2	10.7	9.6
両親等の不和			1.8	2	1.5	1.6	1.1	0.9	0.8	1.0
貧困										
季節的就労					0.4					
養育拒否						4.2	4	3.8	4.4	4.6
破産等の経済的理由						3.5	4.8	8.1	7.6	4.1
児童の監護困難						6.2	5.4	3.7	3.3	6.4
その他	8.1	9.8	8.1	7.1	11.3	4.5	6.6	7.8	8.5	9.3

（資料：厚生労働省「児童養護施設入所児童等調査」各年）
松本伊智朗「児童養護問題と児童養護施設の課題」庄司洋子他編『家族・児童福祉』有斐閣，1998の表９－１（松本作成図）に1998年度以降の数値を筆者が挿入して作成

（１）第二次大戦後の混乱期―1945～1953（昭和20～昭和28）年

第二次世界大戦直後の多くの国民の生活は，長期の戦争による荒廃と敗戦による混乱に加え，食料の不足によって飢餓的な状況のもとにおかれていた。特に子どもをめぐる状況の特徴としては，戦災孤児，引き上げ孤児等が浮浪児として都市に集中したことが挙げられる。その総数は全国で約12万人にのぼり，これら孤児たちの保護等の対応は急務であった[1)]。また，その栄養失調の状況は深刻で，例えば，東京都養育院安房分院の戦災孤児140名中，栄養状態に問題のない者はわずか20名にすぎなかったという[2)]。

当時の厚生省は，敗戦とともに一挙に社会問題化した戦災孤児等の保護対策として，GHQが対日占領策を具体化する以前の1945（昭和20）年９月に「戦災孤児等保護対策要綱」を決定し，保護活動を展開した[3)]。しかし，これは「狩り込み」と呼ばれ，治安維持の目的を併せ持つ収容政策であった。また，収容施設の環境は劣悪であったため，施設からの脱走が後を絶たなかった。

こうした応急的な対応がとられるなか，1947（昭和22）年12月に児童福祉法が公布され，養護施設（現在の児童養護施設）が児童福祉法第41条に規定された。この養護施設は，空き工場・兵舎などを改築して建てられたものも含めて，同年6月には306施設，1950（昭和25）年には394施設と急増した。また，1948（昭和23）年には，入所児童の生活水準を維持するため，児童福祉施設最低基準が制定された。しかし，その基準は子どもたちの衣食住をかろうじて満たす程度のものであり，設備や職員配置の基準は低水準で，建物の形態も大舎制を前提としたものであった。1952（昭和27）年に戦後初めて行われた厚生省の調査によると，施設への入所理由は，1位が「貧困」約28%，2位が「親の死亡」約23%，3位が「棄児」約12%であった[*1]。

（2）高度経済成長期―1954～1973（昭和29～昭和48）年

日本経済が重化学工業にシフトし，驚異的な成長を遂げた1954（昭和29）年から1973（昭和48）年頃までを，一般に「高度経済成長期」とよんでいる。この間に，中学を卒業したばかりの子どもたちが「金の卵」ともてはやされ，集団就職などにより農村から都市部へと大移動した。全般的に雇用労働者が増加し，その大多数は大都市圏に集中し，低賃金と狭小な住居での生活を余儀なくされた。また，こうした動向は核家族化を進行させることとなった。

この高度経済成長期には，上記の結果として農村の過疎，都市部の過密問題など様々な弊害が現れた。例えば，1961（昭和36）年の農業基本法により，農業の化学肥料・機械化が進められたが，多くの農家は，農業収入だけでは生計が成り立たないため，現金収入を求めて都市部に出稼ぎに行かざるを得なくなった[4)]。そのため，多くの農村で「出稼ぎ孤児」が発生した。都市部では，不規則・長時間労働など親の労働環境の悪化や共働き世帯の増加に伴い，家庭や地域における日常的なつながりが希薄化したこととともかかわって，「非行」や

＊1　本調査は1952（昭和27）年以降，約5年ごとに行われている。名称が年度ごとに「養護児童の実態」「措置児童実態調査」と変わってきており，現在は「児童養護施設入所児童等調査」である。

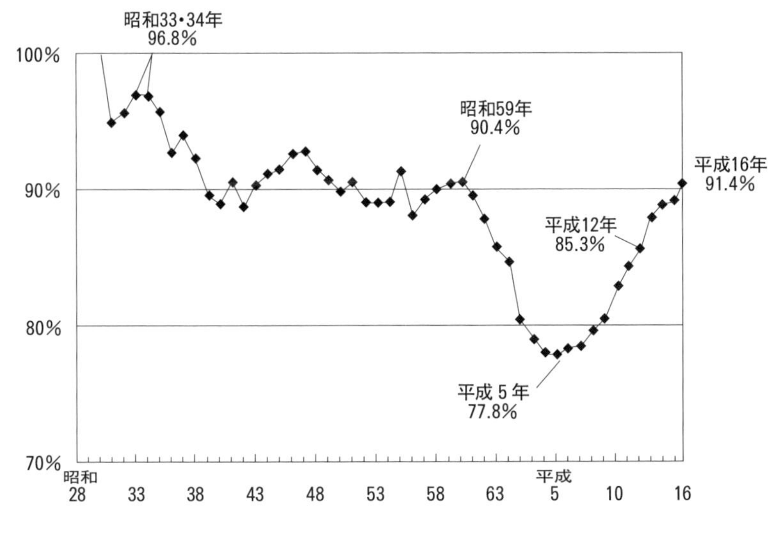

図７－１　児童養護施設入所児童の在所率の推移[5)]

「学校長欠児」等の問題が増加した。こうした子どもたちの一部が養護施設へと入所してきた。

この時期には，戦後混乱期における入所児童がしだいに退所しはじめ，施設入所児童数の推移としては，1958（昭和33）年の35,434人をピークとして，段階的に減少傾向が続いた（図７－１参照）。厚生省は，実際には不安定階層が増大し，養護問題が拡大しつつあるにもかかわらず，家庭の養育責任を強調する政策を推進し，「養護施設転換論」を打ち出して養護施設の定員削減策を実行した[*2]。

1960年代後半になると，水俣病に象徴されるような「公害」問題が社会問題化するとともに，労災の増加など，企業利益を最優先した高度経済成長の矛盾が顕在化した。そのしわ寄せは，日々自らの労働力を使って所得を得なければ

＊２　厚生省が1964（昭和39）年に打ち出した「養護施設転換論」は，同省が同年の「全国児童課長会議」において，全国の養護施設で定員の１割が未充足状態にあり，入所児童の２割が本来の養護施設対象児ではないという見解を出し，養護施設の定員削減，他業種への転換を指示した。

生活を成り立たせることができない階層の人々（以下，働く人々）の間に拡大し，生活環境の未整備などともあいまって様々な生活上の困難や不安を増大させた。その一方では，これに対して各地で住民運動，労働運動が高揚し，働く人々の生活や権利を重視する革新自治体づくりが広がった。

このような状況を背景に，1970（昭和45）年に行われた厚生省の調査では，約25％の子どもの親が生活保護受給者であった。この1970（昭和45）年度の施設在籍人員は31,389人で，前回調査時より約3,000人減少している。その後，1980年代にかけて在所率は減少傾向をたどっていった（図7-1参照）。

戦後，一貫して低い生活水準におかれてきた養護施設への予算措置としては，1973（昭和48）年から「特別育成費」という名目で，高校進学経費が新たに加えられた*3。1968（昭和43）年当時，一般家庭児童の高校進学率79.4％に対し，養護施設入所児童の全日制高校の進学率は9.4％，就職進学（定時制高校）は，13.4％と極めて低かった[6)]。その一つの理由として，措置費のなかに高校進学に必要な経費が組み入れられていなかったことが挙げられる。「特別育成費」は，これに対する対応であった。

（3）オイルショック以降の不況期―1973～1985（昭和48～昭和60）年

1973（昭和48）年には，中東情勢の緊迫化からオイルショック（石油危機）とよばれる経済の変動が発生した。これを契機に日本の高度経済成長は終息し，低成長の時代に入った。経済の低成長と長引く不況は，特に中小企業に大きな打撃を与え，多くの中小企業が倒産に追い込まれていった。ただし，独占大資本にはそれほど大きな打撃はなく，その内部留保の蓄積が進んでいた*4。

それと同時に，政府は，1970（昭和45）年にいったん掲げた「福祉国家」政策を変質させ，1980年代には「日本型福祉社会」という名目で，国の責任を縮

＊3　当時の特別育成費は，公立高校に限定したもので，私立高校に通学可能な予算措置がなされたのは，1989（平成元）年以降である。

＊4　全国保険医団体連合会編『月刊・保団連』No.678，p.34（2000）によると，大企業の内部留保額は，1973（昭和48）年の第1次石油危機には13兆円，1979（昭和54）年の第2次石油危機に27兆円と経済危機の時期においても年々増大し続けている。

小し，「民間活力導入」や「自助・自立」原則を強調しはじめた。すなわち，1981（昭和56）年，「第２次臨時行政調査会」が，国民の自助・自立・自己責任を強調する答申を出し，それ以降，受益者負担の強化や社会福祉施設等の民営化，外郭団体化が政策的に推し進められていった。

一方，オイルショック直後の1977（昭和52）年の厚生省の調査では，施設入所している子どもの親の年間所得は，「90万円未満」が41％，200万円以下を合計するとその割合は約80％にのぼった。「父母の就業上の地位」をみると，父親では不就業が約21％，日雇が約20％，単純労働が約33％，母親は不就業が約62％，単純労働が約６％，サービス業が約20％と，そのほとんどが不安定低所得階層であった。その後，1982（昭和57）年，1987（昭和62）年と続けて行われた同調査の入所理由においても，ほぼ同様の推移となっている。1987（昭和62）年調査によると，一般世帯の年間平均所得505万円に対し，施設入所している子どもの親の平均所得は，その半額以下の214万円であった。父母の就業状況については，生計中心者である父親の約20％，母親の約60％が無業者であり，そのほとんどが深刻な貧困問題に直面していた。

（４）バブル景気と崩壊以降の不況期―1986～1996（昭和61～平成８）年

1980年代後半から1990年代初頭にかけては，土地や株の価格が経済の実体以上に高騰し，見かけ上の好景気，いわゆる「バブル景気」の時期であった。しかし,1973（昭和48）年のオイルショック以降，国の社会保障・社会福祉予算は削減され続けた。例えば，保育所の国庫負担率は10分の８から10分の５に削減され，自治体や保護者の負担が増加するなど，多くの働く人々にとって「バブル景気」がもたらした「豊かさ」は自分とは無縁のものであった。

その後，消費税導入なども重なり，国民の大半を占めている雇用労働者や零細自営業者など働く人々とその家族は，引き続き生活困難な状況に置かれ続けていた。そして，1991（平成３）年２月には，見せかけの好景気がはじけ，いわゆる「バブル崩壊」が到来した。それ以降，働く人々と家族の生活状況はより深刻化し，失業率や不安定雇用の増大など悪化の一途をたどった。

このような状況のもとで，子育てに困難をかかえる家庭も増大していったが，国による子育て支援の十分な施策は打ち出されなかった。こうした状況を背景として，少子化が進行し，1989（平成元）年の合計特殊出生率が過去最低となった。これは「1.57ショック」とよばれ，政財界に危機感を与えることとなった（第4章第4節参照）。

この当時，養護施設においても，少子化の進行により，また一方では地方財政の逼迫化を背景とする入所措置の抑制策により，多くの施設が定員割れとなるなど「暫定定員問題」が深刻化した[*5]。また，1995（平成7）年の社会保障制度審議会は，国家責任よりも「自立と社会連帯」を強調する勧告を行った。それ以降，1997（平成9）年の介護保険法や児童福祉法改正をはじめ，措置制度の解体と応益負担の導入など「社会福祉基礎構造改革」が具体的に進められていくことになる。

1992（平成4）年の厚生省の調査によると，入所理由は前回調査（1987（昭和62）年）と比較して，「親の死亡」が約3％減少し，「親の行方不明」，「離別」もその数値が減少した。一方，「父母ともに就労」が前回の約1％から約11％と約10倍の伸びを示した。さらに1998（平成10）年の同調査では，「行方不明」，「離別」がそれぞれ約4％ずつ減少し，「父母ともに就労」が約3％増加した（表7-1）。

（5）市場原理強化・構造改革期―1997～2006（平成9～平成18）年

1990年代後半は，「金融危機」をはじめ，1980年代以降本格化した製造現場の海外移転や外国資本との提携など日本企業の多国籍化により，産業の空洞化が加速化した。また同時に，労働者に対するリストラや中小企業の倒産が相次いだ[7)]。社会福祉の分野においても，1997（平成9）年の介護保険法や児童福祉法改正にみられるように，「措置から契約へ」の原理の転換がめざされ，同

＊5　養護施設の入所率の定員充足率は厚生省報告によると，1993（平成5）年8月1日の時点で76.7％であった。これに対して国は，施設を定員と実員との「開差是正」を口実に，定員に応じた国庫負担を削減した。

時に，段階的に営利企業等の参入の道が開かれた。

1998（平成10）年の厚生省の調査によると，「入所理由」は1992（平成４）年と同様の傾向がさらに進行し，「行方不明」，「離別」がそれぞれ約４％ずつ減少し，「父母ともに就労」が約３％増加した。2003（平成15）年調査では，前述の状況を反映して，1992（平成４）年調査より追加された「破産等による経済的理由」による入所が，当初の3.5％から2003（平成15）年には8.1％となった（表７-１）。

また，父母の「虐待・酷使」「放任・怠だ」，すなわち児童虐待に関連する項目の数値を合わせると約23％となり，1998（平成10）年より約８％増加した（表７-１）。この背景として，リストラによる失業率や不安定低所得階層の増加など，養育困難な状況に対して，公的にも私的にも必要・適切な支援がなされないまま，子どもを虐待するにいたる家庭が増加したとみることができる。また同時に，2000（平成12）年に児童虐待防止法が施行されたことや，報道等によって関心が高まったことなどから，それまで潜在化していたものが次々と顕在化したこともその要因として考えられる。

厚生省（現厚生労働省）は，1987（昭和62）年以降，この調査項目から親の「就労」「所得」などの項目を削除した。そのため現在，全国規模での施設で暮らす子どもと親の生活実態はつかみにくくなっている。しかし，筆者が行った調査では，施設で暮らす子どもとその親の生活基盤が脆弱で，彼らが自立して生活していく前提として不可欠な社会的条件が保障されていないことが浮き彫りとなった[8)]。

この時期の特徴は，2005（平成17）年度中に全国の児童相談所に寄せられた児童虐待相談対応件数が34,451件にのぼり，統計を取り始めた1990（平成２）年の1,101件と比較して約30倍となったことである[9)]。その影響を受け，施設の在所率（図７-１）も，バブル崩壊以降年々増加し，2004（平成16）年10月１日現在，全国平均で91.4％にのぼり，特に都市部では飽和状態となった[*6]。

さらに，1997（平成９）年に戦後約50年ぶりに大幅に改正された児童福祉法により，「養護施設」の名称は「児童養護施設」へ改められ，その目的に「自立支援」が加えられた（翌年施行)。この改正では，職員の配置基準などの改善が期待されたが，実際には子ども１人当たりのスペースが2.47㎡(畳１枚半)から3.3㎡（２畳）へ改善されたのみであった。

厚生労働省はその後，児童虐待の増加や施設関係者の要望もあり，児童養護施設等への予算措置として，1998（平成10）年の「自立支援員」（非常勤)，1999（平成11）年の「心理職」(非常勤)，2000（平成12）年の「地域小規模児童養護施設」など単年度の補助金事業を展開した。また，2002（平成14）年10月には「専門里親」と「親族里親」を創設して里親推進の施策を進めた。

2004（平成16）年には児童虐待防止法と児童福祉法が改正され，児童養護施設と乳児院の入所児童年齢の要件緩和が行われた。また，施設の目的に「退所した者への支援」が加えられた。さらに厚生労働省は，同年から施設内での「小規模グループケア」「被虐待児加算」，および「家庭支援専門相談員」を置くための予算措置を行い，小規模・個別ケアや早期家庭復帰を推進する施策を打ち出した。2006（平成18）年度予算では，心理職の常勤配置（家族療法等）や「大学進学等自立生活支度費」等の予算措置がなされた。こうした予算措置については，一定の評価はできよう。しかし，単年度の補助金事業としての限界もあり，基本的には，30年以上据え置かれたままの職員配置基準の抜本的改善が望まれる。

最後に，現在施設が直面している特筆すべき問題として，1996（平成８）年に発覚した千葉県の「恩寵園事件」(第11章参照）をはじめとする「施設内虐待」や「不正経理」等の問題がある。これらは，当事者や職員による行政当局への通告や運動により報道されることも多くなってきている。問題の背景としては，職員配置基準や労働条件，研修体制の不備などの社会福祉制度の貧困さ，一部の同族経営による非民主的運営と閉鎖性，施設を監督する行政の不作為などが指摘されている[10)]。

＊6　厚生労働省ホームページ「平成16年社会福祉施設等調査結果の概況」2006年３月29日による。愛知県児童福祉施設長会『絆』第18号，p.98（2006）によると，愛知県内の児童養護施設の定員充足率は，2005（平成17）年12月現在，96％に達している。

（6） 社会的養護に関する近年の政策動向

近年，社会的養護のしくみが政策的に大きく転換されようとしている。それは，2011（平成23）年に社会保障審議会がとりまとめた「社会的養護の課題と将来像」において，家庭的養護の推進や施設の小規模化・地域分散化が提起されたことである。

しかし，2017（平成29）年に提起された「新しい社会的養育ビジョン」（以下，「ビジョン」）では，それが全面的に見直され，就学前の子どもの施設入所を原則停止し，高い目標値を掲げて特別養子縁組や里親などの家庭養護を最優先する提言がなされたため，関係者による大きな議論を招いた。

厚生労働省は，このビジョンを受けて，2018（平成30）年7月6日に「都道府県社会的養育推進計画の策定要領」を通知し，里親委託率は「乳幼児は7年以内に75％」「学童期以降は10年以内に50％」などとする方針を示した上で，都道府県に対して，「順次速やかに取組を進めつつ，2019年度末までに新たな計画を策定」するよう指示した。また，児童養護施設入所児童については，家庭養育が困難な場合，地域小規模児童養護施設や分園型小規模グループケアで養育されるよう必要な措置を講ずるとし，ユニット型施設は計画的に小規模かつ地域分散化を求めている[11)]。

2．児童養護施設の目的と役割

（1）児童養護施設の目的と役割

児童養護施設（以下，施設）は，2017（平成29）年3月現在，全国に615か所設置されており，約2.6万人の子どもたちが生活をしている[12)]。施設の多くは，民間の社会福祉法人によって運営されており，子どもたちの生活費や職員の給与などの施設運営費は，国・都道府県から措置費として各施設へ支弁されている。法律の根拠としては，児童福祉法第41条に「保護者のない児童（中略），虐待されている児童その他環境上養護を要する児童を入所させて，これを養護し，あわせて退所した者に対する相談その他の自立のための援助を行うことを目的とする施設」と規定されている。これに加えて，従来から一部の施設で実施しているショートステイ（短期入所生活援助事業）やトワイライトステイ（夜間養護事業），および近年取り組まれはじめた育児相談など，地域における子育て支援の機能も求められている。

ただし，施設の多くは，必ずしも地域住民が身近に利用できる施設ではない。施設は，保育所などとは異なり，県内各地もしくは県外からの広域入所も行われており，幅広い年齢層の子どもたちが生活している。また何よりも，入所児童にとっては家庭に替わる生活の場である。さらに，ほとんどの子どもが，入所前に複雑な家庭環境をもっており，なかには親からの虐待等による心理的課題を抱えているケースも多い。特に思春期になると，地域や学校で様々なトラブルを起こすことも少なくない。それゆえ，むしろ地域からの理解が得られにくい状況におかれている。

しかし，施設は地域のなかに存在している。さらに，子どもを養育していくには，学校や児童相談所，保健所などの関係機関との連携はもとより，地域住民の理解・協力が不可欠である。そのため多くの施設では，職員が学校の PTA 役員などを積極的に引き受け，少しでも理解が得られるよう努力している。施設が，地域においてその存在意義を認められるためには，同じ地域の子どもを施設の子どもたちと共に育てる取り組みが不可欠であり，そのためには住民との協働が必要である。それと同時に，一定の経験や知識・技能を持つ施設の職員が，その専門的力量を地域に提供する取り組みが必要であろう。

2004（平成16）年度から施設には，家庭支援専門相談員（ファミリーソーシャルワーカー）を配置する予算措置がとられ，親に対する支援を含めた家族再統合の実践，里親，関係機関との連携の取り組みなどソーシャルワーク的な機能の強化が図られつつある。今後の施設の課題としては，子どもに対してだけではなく，家族支援のあり方，地域における子育て支援の拠点としての役割などが求められる。

（2）子どもたちの日常生活と自立支援

施設は，先に述べたように，様々な事情により家庭で暮らすことができない子どもたちが，家庭に替わる生活の場である。したがって，子どもたちの日常生活は，家庭での生活の流れとそれほど変わらない。

そこで働く児童指導員や保育士は，早番・遅番・断続・宿直などからなる交替勤務によって，子どもたちの日常生活面のケアを中心に，遊びやスポーツ，学習支援や進路相談，掃除・洗濯・調理をはじめとする家事援助などのケアワークを行いながら，学校や児童相談所など関係機関との連携をはじめとするソーシャルワークを行っている。

施設の規模は，約30名から100名以上までと様々であり，形態も大舎制，中舎制，小舎制など，施設によって多様である。子どもたちの生活単位の編成についても，男女混合もしくは男女別，縦割りと横割り，あるいは幼児期のみ別グループで発達段階をふまえたケアを行っている施設など様々である。施設運営においては，小規模化・地域分散化が進むとともに，子どもと職員の話し合いに基づく民主的な生活づくりに取り組む施設も増えてきている。

施設では，クリスマス会や節分など，子どもたちがそれまでの家庭では経験できなかった季節行事や，子ども自身が大切にされているという実感が得られるように，誕生会や卒園生を送る会などの行事が企画されることが多い。進路についても学校と施設が連携をとりながら，職場体験や奨学金，各種助成金の申請などの進学・就職支援，退所後の支援を行っている。

職員との信頼関係の構築や，子どもの社会性や達成感を獲得するための体験旅行（例えば牧場体験，自転車旅行，登山，キャンプなど）を年次計画的に実施している施設もある。退所後の自立を見据えて，高校生以上には別棟で自活する体験をさせている施設もある。その場合，子どもは月ごとに生活費を渡され，職員の助言を受けながら，自炊や洗濯，光熱水費の支払いなどの体験をすることになる。

3．施設からの旅立ちと自立への課題

（1）進路問題

施設で暮らす子どもたちの多くは，中学校卒業後の進路問題に直面する。2016（平成28）年5月現在の高校進学率は，一般世帯では通信制を含めて98.7%であるのに対し，施設は96.0%である[13]。

また，高校進学ができた場合でも，その後の自立への道のりは厳しい。児童福祉法では18歳までの養護が基本であり，給付制奨学金や措置延長は存在するものの，高校卒業後の大学・専門学校等への進学費用とその後の生活費は，奨学金を借りながら，基本的には自分で賄っていかなければならない。

さらに，一般世帯の大学等進学率が52.2%であるのに対し，施設ではわずか12.4%に留まるなど，格差は深刻である[14]。大学や専門学校への進学だけが進路の選択肢のすべてではないが，親の支援が見込めないことや，住居や就職時の身元保証人の問題など社会的に不利な状況も考慮すると，進学して学歴や専門的な資格を取得することが，彼らの自立にとって重要な要素になるといえよう。

（2）就労支援とアフターケア

軽度の知的障がい，発達障がいをもつ子どもたちをはじめ，いわゆるボーダーライン層の子どもなど，制度の狭間に取り残されて，労働力市場から排除されている者の社会的就労の問題も深刻である。障がいがなかったとしても，低賃金で不安定な非正規労働が拡大する社会で，施設生活経験者の多くは，学歴や資格もなく家族の支援も得られず，職を転々とせざるをえない状況がある。そのため，2004（平成16）年の児童福祉法改正では，退所者への支援が施設の目的のひとつとして加えられたが，施設を出た後の子どもの自立は依然として大きな課題である。

また，施設職員は，子どもたちが退所した後も，勤務外で個人的に相談を受

けるだけではなく，保証人を引き受けている実態がある。特に保証人については，借金の返済など多額のお金が関係することもあってリスクが大きく，本来は公的機関が行うべきであろう。国も，身元保証人確保対策事業としてようやく取り組みはじめたが，制度自体が立ち遅れているといえよう。

そうした中で，全国児童養護施設協議会などの要望・運動により，2006（平成18）年度から「大学進学等自立生活支度費」が施設退所時に支給されることとなった。これは一定程度の評価はできよう。しかし，今後これに留まることなく，国・自治体行政に対して施設退所後の子どもたちへの支援体制の拡充を求める関係者の継続的な運動が不可欠である[15)]。

（堀場純矢）

■引用文献

1）全国養護施設協議会編「養護施設の半世紀・新たな飛翔」p. 36，1996
2）吉田久一『改訂版日本貧困史』p. 429，川島書店，1993
3）村上貴美子『占領期の福祉政策』pp. 101-110，勁草書房，1987
4）三塚武男『部落解放のまちづくり』p. 107，部落問題研究所出版部，1988
5）全国養護施設協議会「中学卒業児童の進路調査」1968
6）高山一夫「社会保障構造改革とグローバル化」野村拓監修『21世紀の医療・介護労働』pp. 12-22，本の泉社，2000
7）堀場純矢「児童養護施設からみた子ども虐待と貧困」，総合社会福祉研究35号，pp. 38-45，総合社会福祉研究所，2009
8）厚生労働省総務課「平成17年度児童相談所における児童虐待相談処理件数報告・速報値」2006
9）改訂・保育士養成講座編纂委員会『養護原理　改訂２版』p. 82，全国社会福祉協議会，2006
10）才村純『子ども虐待ソーシャルワーク論』pp. 255-258，有斐閣，2005
11）厚生労働省子ども家庭局長通知「『都道府県社会的養育推進計画』の策定について」（2018年７月６日）
12）厚生労働省「社会的養護の現状について（参考資料）」平成29年12月版による
13）前掲12）同資料

14）前掲12）同資料
15）全国児童養問題研究会編集委員会編『児童養護と青年期の自立支援―進路・進学問題を展望する―』ミネルヴァ書房，2009

第8章 非行のある子どもの自立支援

非行行為を行った子どもの更生を指導・援助し，その自立を見守っていく体制には，児童福祉と少年司法の２分野がある。それぞれの中心機関は，児童福祉では児童相談所が，少年司法では家庭裁判所が中核的な役割を担っている。ここでは，それぞれのしくみを中心に説明しながら，非行のある子どもの自立支援に関する基本的な考え方や課題について述べていく。

なお，非行に関する問題については，一般社会では耳慣れない専門用語を使わざるを得ない。そのため，本文中では説明していないが特に解説が必要と思われる用語については，右肩に＊印を付けて脚注を付したので参照されたい。

1．非行とは

成人が法律によって禁止されている行為を行った場合，その行為は「犯罪」とよばれる。「非行」という言葉は，20歳未満の「未成年」，「少年」，「児童」すなわち総称すれば「子ども」が，これに類する行為を行ったか，もしくは，行うおそれがあるような場合に対応する言葉として日常的に用いられている。厳密には，「非行」とは，「少年が法律も含む社会倫理的な規範から逸脱する行為又は行状を総称」したものをいう[1)]。

非行行為を行った子どもは，一般的に，「非行少年」とよばれているが，この場合の「少年」という言葉は少年法に基づく言い方であり，「20歳に満たない者」のことである。司法の世界では単に「少年」という場合もある。少年法は，「非行のある少年」として，（1）犯罪少年，（2）触法少年，（3）虞(ぐ)犯少年の3種類を挙げ，これらの少年を家庭裁判所の「審判に付すべき少年」としている（第3条第1項）。

① 犯罪少年は，14歳以上20歳未満の「罪を犯した少年」を指す。

② 触法少年は，14歳未満で刑罰法令に触れる行為を行った少年のことである。刑罰法令に触れても「犯罪」という言葉が使われないのは，刑法第41条で，「14歳に満たない者の行為は，罰しない」と定めていることによる。

③ 虞犯少年とは，20歳未満の少年のうち，①保護者の正当な監督に服しない性癖がある，②正当の理由がなく家庭に寄り附かない，③犯罪性のある人や不道徳な人と交際したり，いかがわしい場所に出入りする，④自己または他人の徳性を害する行為をする性癖があるといった事由があり，「その性格又は環境に照して，将来，罪を犯し，又は刑罰法令に触れる行為をする虞（おそれ）のある少年」を指す。

一方，児童福祉法では，18歳未満の者を「児童」と言い，いわゆる非行行為を行った子どもは，「要保護児童」（第25条），「少年法第24条第1項又は第26条の4第1項の規定により同法第24条第1項第2号の保護処分の決定を受けた児童」（第27条の2），「不良行為をなし，又はなすおそれのある児童」（第44条）等と表現されている。すなわち，児童福祉法では，「非行」という言葉は使われていない。また，18歳以上20歳未満の少年（すでに児童福祉法上の「児童」ではない）には，少年法が適用されることになる。しかし，18歳未満のいわゆる非行行為を行った子ども（「児童」であり「少年」でもある）の自立支援については，二つの法制度が密接に関連している。

少年法の基本理念は「少年の健全な育成」であり，これを前提とした少年司法は，「保護手続」を重視している。保護手続とは，「家庭裁判所が少年事件（保護事件＝家庭裁判所が少年を保護処分にするかしないかについて決定する義務を負う事件）を受理してから，調査あるいは調査・審判を経て終局決定を行うまで」[2]の手続を指し，その目的は，「犯罪を含め『非行』を行ったことに制裁を加えること」ではなく，「非行に走ったその少年が抱えている問題を解決すること」にある[3]。

2．非行少年の発見，通告，送致

少年法は，「家庭裁判所の審判に付すべき少年を発見した者は，これを家庭裁判所に通告しなければならない」（第6条第1項）と定めている。また，児童福祉法でも同様に，罪を犯した満14歳以上の児童を発見した場合には，家庭裁判所に通告しなければならないと定めている（第25条）。ここでいう「通告」とは，ある事柄を相手方に告げ知らせるという一般的な意味に加え，相手方が何らかの行動（ここでは，家庭裁判所による審判等）を起こすことを予定しているような場合に用いられる法的な用語である。

こうした通告義務は一般人にも課せられているが，非行少年の発見活動では警察が中心的役割を担っていることはいうまでもない。むしろ，一般人が少年の非行行為を発見した場合，直接家庭裁判所に通告することはほとんどない。通常は，一般人は警察に「通報」し，これを受けた警察が，状況に応じて検挙や捜査等をした上で家庭裁判所に「通告」するということになる。なお，触法少年の発見については，2007（平成19）年の少年法改正により，警察官が，「客観的な事情から合理的に判断して」，触法少年であると「疑うに足りる相当の理由のある者」を発見した場合には，「必要があるときは，事件について調査をすることができる」こととなった（第6条の2第1項）。

犯罪少年が警察に検挙された場合，罰金刑以下の軽微な事件はすべて直接家庭裁判所へ「送致」され，それ以外の事件は検察官へ「送致」される。検察官は，捜査を行った結果，犯罪の疑いが認められる場合，あるいは犯罪の疑いが認められない場合でも虞犯少年に該当する場合には，事件を家庭裁判所へ「送致」する（これを「全件送致主義」という）。ここでいう「送致」とは，被疑者または少年の身柄，もしくは，書類または証拠物あるいは事件などを検察官，家庭裁判所，少年院等に送り届けることを指す少年司法上の用語である。

触法少年と14歳未満の虞犯少年は，児童福祉法上の措置が優先される。ただし，「都道府県知事又は児童相談所長から送致を受けたときに限り」14歳未満

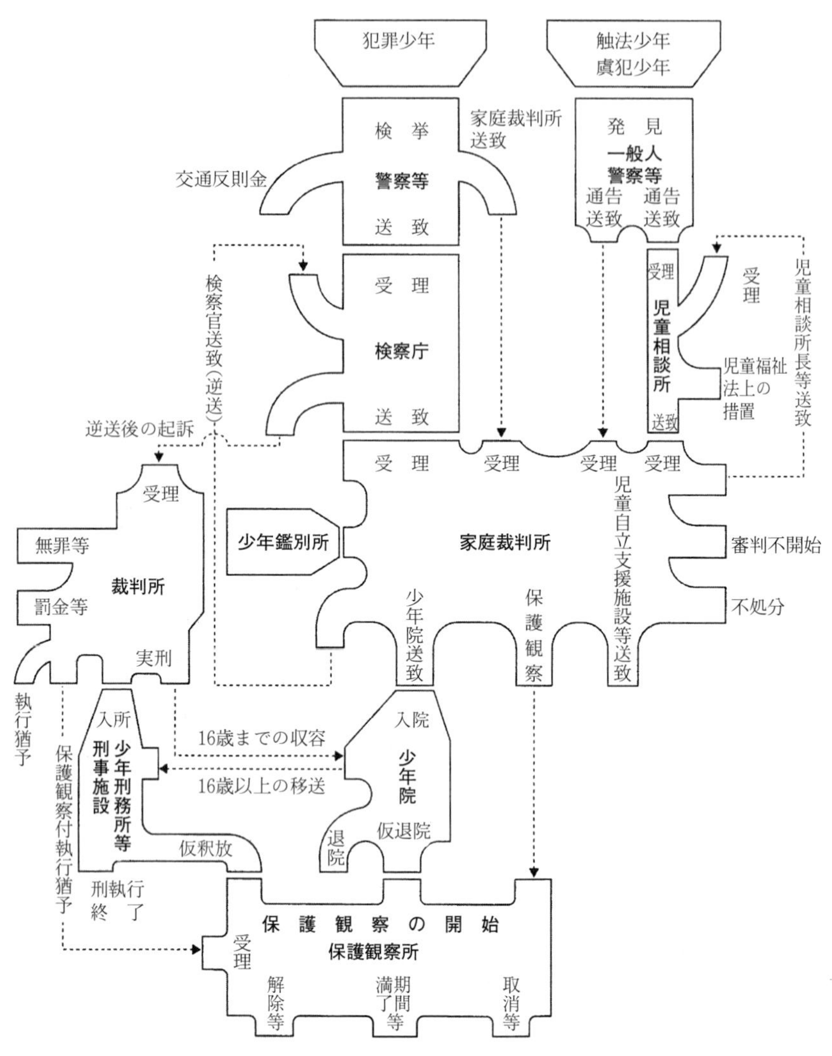

図8-1　非行少年に対する処遇手続の流れ[4]

の虞犯少年でも家庭裁判所の審判に付することができる（第3条第2項）。14歳以上18歳未満の虞犯少年の場合，発見者(大半が警察による)は，児童相談所，家庭裁判所のいずれに送致するかを選択でき，18歳以上20歳未満の場合には家庭裁判所へ送致することとなる（図8-1[4]参照）。

3．児童相談所と児童自立支援施設

少年法で規定されている「非行のある少年」のうち，触法少年と虞犯少年の一部が児童福祉の対象となる。児童相談所は，児童の福祉に関する様々な相談を家庭や地域等から受け付けているが，そのなかに非行相談がある。非行相談は「ぐ犯等相談」と「触法行為等相談」に大別でき，前者は「不良行為等を理由に保護者や学校から任意な相談として受けたもの」を，後者は「14歳未満で法に触れる行為をして警察などから通告を受けたもの」を指す[5)]。児童相談所は，こうした相談に対し，助言指導*1，児童福祉司指導*2，訓戒，誓約措置*3，児童福祉施設への入所措置，家庭裁判所への送致等の方法によって対応する。

これらの児童相談所における処遇のうち，児童福祉施設への入所措置に関しては，従来，児童自立支援施設が非行のある子どもの自立支援に対して中心的な役割を果たしてきた。

児童自立支援施設とは，児童福祉法第44条で規定されている児童福祉施設であり，各都道府県に設置が義務づけられている。その目的は，同条で，「不良行為をなし，又はなすおそれのある児童及び家庭環境その他の環境上の理由により生活指導等を要する児童を入所させ，又は保護者の下から通わせて，個々の児童の状況に応じて必要な指導を行い，その自立を支援し，あわせて退所した者について相談その他の援助を行うこと」と規定されている。

児童自立支援施設では，開放的な環境のもと（一部例外あり），職員が児童と生活を共にしながら，その自立を支援している。具体的には，生活指導，学

---

*1　助言指導：1回ないし数回の助言，指示，説得，承認，情報提供等の適切な方法により，問題が解決すると考えられる子どもや保護者等に対する指導を指し，対象，目的，効果等が考慮された上で，電話，文書，面接等適切な方法を工夫し行われる。（厚生労働省「児童相談所運営指針」pp.67，2018）

*2　児童福祉司指導：複雑困難な家庭環境に起因する問題を有する子ども等，援助に専門的な知識，技術を要する事例に対して行われるものであり，指導は，子どもや保護者等の家庭を訪問し，あるいは必要に応じ通所させる等の方法により，継続的に行われる。（前掲書，p.68）

*3　訓戒，誓約措置：子ども又は保護者に注意を喚起することにより，問題の再発を防止し得る見込がある場合に行い，養育の方針や留意事項を明確に示すよう配慮する。（前掲書，p.73）

表8-1　児童自立支援施設の支援形態の内容およびその特徴・課題

①夫婦制　夫婦の寮担当者で支援する形態	
〔特徴〕	・家庭的な雰囲気を醸し出す中で，一貫性，統一性，継続性のある支援を行うことができる。 ・寮夫もしくは寮母が，時間に制約されることなく，子どもの支援に当たることができる。 ・固定された夫婦職員が子どもと一緒に生活しているため，危機発生の前兆ともいえる変化（表情，動きなど）や，子どもから発せられるSOSやHelpをキャッチしやすく，適切な手が打ちやすい。
〔課題〕	・夫婦職員と子どもが常に密着しているため，子ども集団との関係や自分たちの支援についての善し悪しについて検証がしにくい。 ・職員は休暇がとりにくく労働過重になりやすい。 ・夫婦職員と子どもが共に暮らす中で濃密なふれあいをしつつ，生活学習などを展開しているために，夫婦職員の力量や価値観などが直に寮運営や支援に反映されてしまう場合がある。
②併立制　寮担当者が夫婦ではない形態	
〔特徴〕	・両者が専門職としてその資質を十分にいかし，寮の運営と子どもの支援に全力を集中することによって大いに成果をあげることができる。
〔課題〕	・運営にあたっては困難も多く，寮担当者間の意見が対立したり互いに遠慮したりすると，支援に一貫性を欠きやすい。
③交替制　全日の支援を数名の職員で交替して行う	
〔特徴〕	・個々の職員による支援のかたよりを防ぎ,客観的で公平なかかわりができる。また，職員がおのおのもっている特性をいかし，多面的なかかわりができる。 ・交替勤務のため過重な労働を避けることができる。
〔課題〕	・職員が交替することにより支援の一貫性や継続性を欠きやすい。 ・価値観や人生観の相違から職員間の意見の調整が難しい。 ・子どもが職員の交替に対して要領よくふるまったり，支援の不一致につけいることが起こりやすい。 ・責任の所在が曖昧になりやすい。

出典：全国児童自立支援施設協議会：新訂版　児童自立支援施設（旧教護院）運営ハンドブック，1999，pp.351-357および厚生労働省：児童自立支援施設運営ハンドブック，2014，pp.176-209をふまえ作成。

習指導，職業指導，家庭環境の調整，心理的ケア等が行われている。支援形態には，夫婦制，併立制，交替制がある（表8-1参照）。施設での生活の基本となるのは，「枠組みのある生活」である。職員は，児童の内面において「内的な枠組み」（自分の問題性の自覚・認識，存在の内在化，自我等）が形成され心身が健やかに成長していくよう，児童の様子をふまえながら「外的な枠組み」

（人間，建物，日課，行事，規則等）を整え関係を築いていく。

入所児童のなかには，過去に虐待を受けた者が少なくなく，2004（平成16）年度からは，虐待を受けた児童に対応する被虐待児個別対応職員の配置が始められることとなった。また，不況等の影響による住込み就職先の減少，虐待傾向のある保護者の増加等により，児童の退所先の確保が困難になっている状況をふまえ，2004（平成16）年度から家庭支援専門相談員（ファミリーソーシャルワーカー）の配置も始められることとなった。施設退所後もひき続き援助・支援を必要としている児童に対しては，児童自立生活援助事業（自立援助ホーム）も活用されている。

4．家庭裁判所と保護処分

家庭裁判所は，少年事件を受理すると（少年事件は受理により少年保護事件となる。以下，少年保護事件と記す），「家庭裁判所調査官に命じて，少年，保護者又は参考人の取調その他の必要な調査を行わせることができる」（少年法第8条第2項）。家庭裁判所の裁判官は，その調査の結果をふまえ，①審判不開始，②知事・児童相談所長送致，③検察官送致，④移送・回付，⑤不処分，⑥保護処分のいずれかの決定を行う。ただし，従来，少年保護事件は，その大半が審判不開始，不処分として処理されている。

なお，家庭裁判所は，審判を行うため必要がある場合には，観護措置[*4]により，少年を少年鑑別所[*5]に送致できる。また，保護処分を決定する上で必要があると認められる場合には，相当の期間，家庭裁判所調査官に少年を直接観察させる試験観察を実施できる。

＊4　観護措置：家庭裁判所が少年審判に向けて，少年の身柄を少年鑑別所へ収容する措置。収容期間は通常2週間，最長4週間。2001（平成13）年施行の改正少年法で14歳以上の少年による重大事件に限り，8週間まで延長可能になった。

＊5　少年鑑別所：家庭裁判所から観護措置の決定によって送致された少年を最高8週間収容し，専門的な調査や診断を行う法務省所管の施設。全国に52か所が設置されている。

（1）家庭裁判所の審判

審判開始の決定がなされた場合，家庭裁判所での審判は原則として非公開で行われる。その運営について，少年法は，「審判は，懇切を旨として，和やかに行うとともに，非行のある少年に対し自己の非行について内省を促すものとしなければならない」（第22条第1項）としている。また，少年審判規則は，「裁判長は，審判の席に，少年の親族，教員その他相当と認める者の在席を許すことができる」（第29条）と定めている。なお，2008（平成20）年12月15日から施行された改正少年法により，家庭裁判所は，犯罪少年または触法少年に係

①裁判官　②裁判所書記官　③家庭裁判所調査官　④廷吏　⑤少年　⑥保護者　⑦付添人※
裁判は，非公開で，秘密を守り，和やかなうちにも，厳しさのある雰囲気で行われる。

図8－2　審判の様子[6)]

※　付添人：刑事訴訟手続における弁護人に相当するものであるが，少年保護事件の特殊性から，一面には，少年や保護者の利益を保護する弁護人的機能を有するとともに，他面，少年に対する保護処分が適正に行われるための協力者的機能も有している。付添人には2種類あり，ひとつは，少年又は保護者の選任した付添人であり，もうひとつは，保護者自らが付添人となるものである。（保護観察辞典編集委員会：保護観察辞典，p. 185，文教書院，1974）

国選付添人：2000（平成12）年の少年法改正により，家庭裁判所が必要と認める場合，検察官が一定の重大事件の審判に関与することとなった。この場合，少年に弁護士である付添人がないときは，家庭裁判所は弁護士である付添人を付さなければならない。2007（平成19）年の少年法改正では，弁護士である付添人が付される場合が拡大され，一定の重大事件について少年鑑別所送致後の観護措置がとられている場合に少年に弁護士である付添人がないときは，家庭裁判所が少年に弁護士である付添人を付することができることとなった。2014（平成26）年の少年法改正では，検察官が少年審判に関与することができる事件および少年に弁護士である付添人を付することのできる事件の範囲が，それぞれ，「死刑又は無期若しくは長期三年を超える懲役若しくは禁錮に当たる罪」の事件まで拡大された（少年法第22条の2，第22条の3第1項，第22条の3第2項）。

る事件のうち，殺人等一定の重大事件の被害者等から審判傍聴の申出がある場合には，「少年の年齢及び心身の状態，事件の性質，審判の状況その他の事情を考慮して，少年の健全な育成を妨げるおそれがなく相当と認めるときは」，その傍聴を許可できることとなった（少年法第22条の４）。ただし，触法少年に係る事件については，12歳以上の少年によるものが対象となり，12歳以上の触法少年であっても，「一般に，精神的に特に未成熟であることを十分考慮」した上で，傍聴の可否が判断される（少年法第22条の４第２項）。審判の対象は，犯罪，触法および虞犯のいずれかに該当する事実（非行事実）と要保護性（犯罪的危険性，矯正可能性，保護相当性）の双方である。

家庭裁判所は，審判の結果，保護処分が相当と認められる場合には，少年に対し，①保護観察所の保護観察に付すること，②児童自立支援施設または児童養護施設に送致すること，③少年院に送致すること，のいずれかの決定を行わなければならない。③少年院に送致することについては，2007（平成19）年11月１日から施行された改正少年法において，保護処分決定時に14歳に満たない少年については，「特に必要と認める場合に限り」，少年院送致を行うことができると定められた（第24条第１項）。なお，家庭裁判所は，保護処分の決定を言い渡す際に，「少年及び保護者に対し，保護処分の趣旨を懇切に説明し，これを充分に理解させるようにしなければならない」とともに，「保護処分による不当な権利侵害を争う」[7]抗告という手続のあることを伝えなければならない（少年審判規則第35条第１項及び同条第２項）。

（２）保護処分の種類

１）保 護 観 察

保護観察とは，通常の社会生活のなかで，対象者に，一定の遵守事項を守るよう義務づけるとともに，必要な指導・援助を行いながらその者の改善・更生を図るための活動である。少年を対象とする保護観察としては，家庭裁判所において保護観察処分に付された少年に対する「１号観察」と少年院からの仮退院を許されている少年に対する「２号観察」とがある。

保護観察の実施にあたっては，原則として個々の少年に対し担当の保護観察官*6と保護司*7が決められ，少年と同じ地域に居住する保護司が少年に対し定期的に面接等を行い，その生活を指導・援助する。また，保護観察の実施においては，更生保護施設，更生保護女性会*8，協力雇用主*9，BBS会*10，児童自立生活援助事業（自立援助ホーム）等も重要な役割を担っている。

1号観察の場合，保護観察の期間は原則として保護観察決定の日から本人が20歳に達するまでであるが，20歳に達するまでの期間が2年に満たない場合には保護観察決定の日から2年間となる。2号観察の場合は，原則として少年院を仮退院した日から20歳に達するまでの期間である。

なお，保護観察所長は，必要があると認める場合には，保護観察に付されている少年（1号観察，2号観察対象者）の保護者に対し，指導，助言等を行うことができる（更生保護法第59条）。また，2007（平成19）年の少年法改正により，家庭裁判所は，1号観察に付されている少年が遵守事項を守らず，保護観察所長からの警告を受けた後も本人の改善・更生が認められない，かつ，保護観察によっては本人の改善・更生を図ることができないと認めるときは，審判を行った上で，児童自立支援施設または児童養護施設もしくは少年院へ送致しなければならないこととなった（少年法第26条の4第1項）。

2）児童自立支援施設または児童養護施設送致

保護処分のうち，児童自立支援施設または児童養護施設への送致は，児童相談所を通していずれかの施設への入所措置が行われる（児童福祉法第27条の2）。

＊6　保護観察官：更生保護法第31条により，保護観察所と地方更生保護委員会に配置される国家公務員。保護観察所に配置された保護観察官は，保護司と協働して，保護観察や，矯正施設に収容中の者の釈放後の帰住先の環境調整にあたり，また，更生保護女性会，協力雇用主，BBS会との連絡調整等に従事する。

＊7　保護司：更生保護の実施に当たる民間のボランティアであり，保護司法に基づき，法務大臣からの委嘱を受けて保護観察の実施に当たる。（法務省保護局編集「更生保護便覧」p. 190，更生保護法人　日本更生保護協会，2004）

＊8　更生保護女性会：更生保護に協力する女性ボランティアの団体。（前掲書，p. 183）

＊9　協力雇用主：更生保護事業に協力し，犯罪前歴者や非行少年を分け隔てなく雇用する企業，個人。（前掲書，p. 181）

＊10　BBS会：Big Brothers and Sisters Movementの略。非行少年の友だちとなり，地域社会の犯罪予防活動に協力する青年ボランティアの団体。（前掲書，p. 190）

ただし，保護処分による児童養護施設への送致は非常にまれである。保護処分により児童自立支援施設への入所の措置をとる場合には，親権者，保護者の意に反しても少年を入所させることができる。

保護処分に付される少年は14歳以上が原則となっているが，児童自立支援施設は中学生を中心とする義務教育中の者が大半を占めているため，少年院との関連を含め，中卒後の児童に対する援助体制の充実が求められている。

3）少年院送致

少年院送致は保護処分の中でも最も強制力のある処遇となる。少年院は,「保護処分の執行を受ける者」及び「少年院において懲役又は禁錮の刑の執行を受ける者」を収容し，これらの者に対して矯正教育*11その他の必要な処遇を行う法務省所管の施設である（少年院法第3条）。

少年院は，入院時の少年の年齢，犯罪的傾向の程度，心身の状態等に応じて，第1種から第4種までの4種類に分かれている。従来，少年院に収容する者の年齢下限は「14歳以上」であったが，2007（平成19）年の少年法改正に伴い，「おおむね12歳以上」へと引き下げられた（同法第4条)。従来，少年院の処遇区分には長期処遇と短期処遇があり，対象少年に合った処遇課程が設けられていたが，2015（平成27）年6月1日に改正少年院法が施行されたことに伴い，従来の処遇区分等に代わって矯正教育課程が整備された。矯正教育課程とは,「在院者の年齢，心身の障害の状況及び犯罪的傾向の程度，在院者が社会生活に適応するために必要な能力その他の事情に照らして一定の共通する特性を有する在院者の類型ごとに，その類型に該当する在院者に対して行う矯正教育の重点的な内容及び標準的な期間」を定めたものである（同法第30条)。なお，少年院法は，処遇の原則について,「その者の最善の利益を考慮して，その者に対する処遇がその特性に応じたものとなるようにしなければならない。」と定めている（第15条第2項)。少年院での収容期間は，原則として少年が20歳に達

＊11　矯正教育：犯罪又は非行を犯し，又は犯すおそれのある者を，矯正施設において矯正し，再び社会の一員として復帰させることを目的として行う教育活動をいう（法務省保護局編集「更生保護便覧」p.65，更生保護法人　日本更生保護協会，2004)。

するまでである。ただし，一定の場合には，収容継続が認められる（同法第135条-第139条）。

少年院からの出院には，退院と仮退院の2種類があるが，大半の少年は仮退院の状態で出院する。仮退院制度は，少年を少年院から満期より早めに退院させ，残りの期間は社会のなかで保護観察（2号観察）を実施することにより，少年の社会適応を促進することを目的としている。

5．非行のある子どもの自立支援の課題

（1）更生保護と自立支援のための社会資源

少年院や児童自立支援施設での処遇を終了し，社会復帰して暮らしや生き方の立て直しを図ろうとする子どもにとって，現実にはさらに乗り越えるべき壁が立ちはだかっていることが多い。多くの場合は，親や社会の援助を得ながら自力でその壁に立ち向かっていくことになる。

しかし，例えば，頼ることのできる親や親族がいないため，少年院仮退院後の帰住先がない場合などは極めて困難である。あるいは，児童自立支援施設退所後も引き続き援助・支援を必要としている子どもは多い。また，保護者宅の近隣に被害者が暮らしていることから別の場所で保護観察を実施することが適当な場合もある。かつての交友関係を断ち切って少年や児童の自立を促すために生活環境を変える必要がある場合もある。このような場合には，少年に生活の場を提供しながら，少年の更生・自立を見守っていく必要がある。そうした指導・援助に携わっている社会資源として，ここでは，更生保護施設と児童自立生活援助事業（自立援助ホーム）を取り上げる。

1）更生保護施設

更生保護施設とは，犯罪，非行のあった者が，再犯，再非行を繰り返すことなく，安定した社会生活へ移行していけるよう，その生活を指導・援助する法務省管轄の民間の施設であり，2017（平成29）年4月1日現在，全国に103施設ある（全国の収容定員の総計は2,369人で，そのうち少年は373人である）。

入所時には，まず，面接によって少年の入所の意志等を確認する。少年の処遇は，少年法の基本理念である健全育成が前提とされた上で，「人格形成や家族調整等をも含めた，きめ細やかな教育的指導を施す」ことが重視される[8]。具体的には，生活指導，就労指導，保護者との関係調整，帰住希望先の調整等が，個別処遇（個別面接が中心），集団処遇（各施設独自のプログラムの実施）を通して行われる。特に，就労の有無は再非行とも密接に関連していることから，少年の就労意欲を高め，就労経験を蓄積するためのプログラムとして，公共職業安定所（ハローワーク）の利用促進，新聞・求人広告・インターネット等での求職情報の提供，協力雇用主へ雇用の依頼等の取り組みが行われている。

処遇の期間は，「国の委託費に限りがあること」，「できるだけ多くの人に公平な機会を与える」等の理由により，4，5か月が目途とされている[9]。

なお，更生保護施設を補う法務省の取り組みとして自立準備ホームがある。これは，保護観察所に登録したNPO法人などがアパートなどを借りて運営する少年院・刑務所出所者の自立支援のための事業である。2011（平成23）年から開始され徐々に全国に広がりつつある。

2）児童自立生活援助事業（自立援助ホーム）

児童自立生活援助事業は，一般的に，自立援助ホームとよばれており（以下，自立援助ホーム，もしくはホームと記す），1997（平成9）年の児童福祉法改正により，第二種社会福祉事業として法制化された。

2018（平成30）年9月1日現在，全国で161ホームが活動している（ホーム数は，全国自立援助ホーム協議会ホームページの一覧表による）。

従来，自立援助ホームは，児童養護施設等退所後のアフターケアを補完するべく始まったが，次第に，非行問題に対応する社会資源のひとつとして必要とされるようになった。入所（利用）の相談は，児童養護施設や児童自立支援施設等の児童福祉施設，少年院，学校，病院，弁護士，児童相談所，福祉事務所，婦人相談所，家庭裁判所，保護観察所，各家庭等，様々なところから寄せられる。原則として義務教育終了後から20歳までの子ども・若者を対象としているが，2016（平成28）年の児童福祉法改正により，20歳到達日から22歳の年度末までの間にある大学等就学者（20歳到達日の前日において自立援助ホームで暮らしていた場合に限られる）が自立援助ホームの対象者として含まれることとなった。なお，実態としては，児童自立支援施設退所後や保護観察終了後などにおいて，就労が続かず，あるいは解雇されるなどして行き場を失うことになった20歳以上の者も受け入れており，そのような若者にとっての最後の拠り所となっている。定員は，6名程度のところが大半であり，利用者の性別（男子のみ，女子のみ，男女混合）や年齢等の内訳は，各ホームの方針によって異なる。

ホームでは，入所の依頼を受けると職員は本人と直接会い，ホームでの暮らしについて詳しく説明する。また，本人がホームを見学したり，数日間仮宿泊できる機会を設けるなどしてホームについて十分に知ってもらう。その上で入所するかどうかを本人に決めてもらう。入所後は就労することが原則であり，給料から毎月一定額を生活費（食費，光熱費等）として支払うことになっている。

更生保護と自立支援のための社会資源としては，保護観察に貢献している保護司やBBS会なども貴重な役割を果たしているが，その努力にもかかわらず残念ながら再非行に到るケースもある。こうしたケースを少しでも減らすことをめざして，2018年8月，全国再非行防止ネットワーク協議会が設立され，活動の交流や連携が広がりつつある。

（2）被害者への支援

少年事件では，被害者もまた少年であることが多い。しかしながら，少年司法を含め，犯罪被害者への支援と被害の回復については，これまで日本の刑事手続においてほとんど顧みられてこなかった。そうした状況の中で，2001（平成13）年4月に施行された改正少年法により，被害者への配慮として，①被害者等による記録の閲覧及び謄写（第5条の2），②被害者等の申出による意見の聴取（第9条の2），③被害者等に対する通知（第31条の2）が規定された。

①は，犯罪少年，触法少年の保護事件について審判開始の決定があった後，被害者等から当該保護事件の記録（社会記録は対象外）の閲覧・謄写について申出があるときは，正当でない理由がある場合や，相当ではないと判断された

場合を除き，原則として閲覧・謄写が認められるというものである。②は，家庭裁判所が，被害者等から被害に関する心情や，事件に関する意見の陳述の申出があるときには，家庭裁判所調査官に聴取させるというものである。そして，③は，家庭裁判所は，事件を終局させる決定をした場合，当該事件の被害者等から申出があるときには，少年およびその法定代理人の氏名および住居，決定の年月日，主文および理由の要旨について通知するというものである。2008（平成20）年の少年法改正では，この3規定に加え，被害者による少年審判の傍聴（第22条の4），被害者等に対する説明（第22条の6）が規定された。ただし，被害者配慮規定に対する申出は，家庭裁判所が「少年の健全な育成を妨げるおそれがなく相当」と判断する場合に限り認められる。

被害者を支援する法制度としては，「犯罪被害者等給付金の支給等に関する法律」（1981（昭和56）年1月から施行），「被害者等通知制度」（1999（平成11）年4月から実施），「犯罪被害者等基本法」（2005（平成17）年4月から施行）等により，遅ればせながら整備されはじめている。犯罪被害者を支える社会資源としては，全国被害者支援ネットワークに加盟している被害者支援団体や相談窓口，少年犯罪被害当事者の会，都道府県警における相談窓口等がある。また，「犯罪という地域に起きたマイナスの出来事を，被害者と加害者，その家族を含む地域社会の回復力で自ら修復して」[10]いくことを目的とする修復的司法（restorative justice）という取り組みもある。

（神原知香）

■引用文献

1）田宮裕・廣瀬健二編『注釈少年法〔第3版〕』p.31，有斐閣，2009
2）澤登俊雄『少年法入門［第6版］』p.45，有斐閣，2015
3）同掲書，p.40
4）法務省法務総合研究所編『犯罪白書平成26年版』p.113，国立印刷局，2014
5）衣斐哲臣「児童相談所」，こころの科学No.102，p.97，2002
6）最高裁判所事務総局監修『日本の裁判（日本語版）』p.45，2000
7）前掲書2），p.207

8）更生保護法人全国更生保護法人連盟『更生保護施設における少年処遇』p. 14，2004
9）高橋和雄「更生保護施設における少年の処遇について」，青少年問題第52巻第10号，p. 29，2005
10）山田由紀子「少年と被害者の関係修復をめざして」，月刊少年育成第47巻第4号，p. 9，2002。また，藤岡淳子『被害者と加害者の対話による回復を求めて』誠信書房，2005等も参照。

■参考文献

保護観察辞典編集委員会『保護観察辞典，文教書院』1974
竹内昭夫（他）編著『新法律学辞典（第三版）』有斐閣，1989
法令用語研究会『法律学辞典』有斐閣，1993
星野周弘（他）編著『犯罪・非行事典』大成出版社，1995
田宮裕・廣瀬健二編『注釈少年法〔第3版〕』有斐閣，2009
法務省保護局編集『更生保護便覧』更生保護法人日本更生保護協会，2004
最高裁判所事務総局総務局『司法統計年報（少年事件編）2016年度版』
法務省大臣官房司法法制部『少年矯正統計年報（少年院）』2017
法務省大臣官房司法法制部『保護統計年報（保護観察所）』2017
澤登俊雄『少年法入門〔第6版〕』有斐閣，2015
厚生労働省「児童相談所運営指針」2018
厚生労働省雇用均等・児童家庭局長通知「児童自立支援施設運営指針」2012年3月29日
社会的養護第三者評価等推進研究会監修，児童自立支援施設運営ハンドブック編集委員会編「児童自立支援施設運営ハンドブック」，厚生労働省雇用均等・児童家庭局家庭福祉課，2014

第9章 心理的困難のある子どもの社会的養護

1. 心理的困難のある子どもたち

（1）児童心理治療施設で出会う子どもたち

大切な人との別れがあったり，試験でうまくいかなかったり，友だちとけんかしたり，私たちは毎日の生活で様々な出来事に出会っている。そんなとき私たちは心が沈んでしまったり，泣きたくなったり，学校に行くのが嫌になったりすることがあるかも知れない。

児童心理治療施設（2017年度より情緒障害児短期治療施設が名称変更）で出会う子どもたちも，過去にたくさんの辛い経験をしてきている。しかも彼らは，自分たちの身を守るすべを知らないために，その経験は誰よりも辛いものであったと思われる。親との別れ，いじめ，仲間はずれ，無視，暴力等々を受け，またそれを何度も繰り返し受けた子どもたちの多くは，その感情を自分で癒すことができず，怒り（なぜ自分がこんなひどい目にあうのか），悲観（自分なんか生まれなかった方がよかった），焦り（このままではいけない）などの感情を胸に仕舞い込むことになる。そしてその結果，自分ではコントロールすることができない様々な症状が現れる。怒りを抑えることができず，すぐ暴力を振るってしまうことがあり，辛さを誰かに打ち明けることもできず，引きこもってしまうことがある。

もともと器質的に注意が散漫であったり，人の気持ちがわかりにくかったり，心の発育が十分でなく感情のコントロールができにくい子どもたちもいる。児童心理治療施設では，そんな子どもたちが毎日生活を共にしている。

（2）心理的困難のある子ども（情緒障がい児）とは

心理的困難のある子どもは，従来より「情緒障がい児」と呼ばれてきた。情緒障がい児という言葉は，もともと行政用語であり，明確に定義された医学用語ではない。1961（昭和36）年の中央児童福祉審議委員会の資料（国会での予想質問書）では，「家庭における人間関係―特に親子関係―のもつれや，器質的，遺伝体質的障害から生ずるもので，これらの心理的な歪みを有する児童」のことを情緒障がい児と説明している。近年は，発達障がいや行為障がいの一部も含まれ，「特別な心のケアを必要とする子どもたち」と認識されている。

情緒障がい児といわれる子どもが日本社会に認識された経緯を知るためには，戦後の日本社会のあゆみを紐解く必要がある。戦後の日本社会は，焼け野原から出発してひたすら豊かさを求めて走り続けることから始まった。当時の児童問題は，戦災孤児・浮浪児の保護や，貧困が原因で犯した盗みや売春等の非行問題への対応が主であった。これらの問題に対しては，収容や矯正，就労指導などの対策がとられた。

やがて高度経済成長期に入ると，子どもの問題は，それまでの貧困に基づく問題から家族関係に基づく問題に移り変わった。経済は復興し，多くの家庭が中流意識を持ち，両親が揃い，所得もそこそこある家庭の子どもたちが，家庭内暴力，盗み，不登校，自殺，いじめ等の問題を起こしはじめた。簡単に説明の付かない原因で学校生活，家庭生活がうまくいかなくなるケースが多発した。こうした子どもたちの問題解決には，従来の矯正教育のみでは対応しきれず，心のケアの視点を重視した治療的援助が導入されることになる。

1960年代のアメリカでは，小児科医ヘンリー・ケンプが小児科学会で「バタード・チャイルド・シンドローム（殴打された子どもの症候群）」について報告したことから，虐待された子どもたちの問題が社会的な注目を集めた（第1章 p. 4参照）。また同時に，ベトナム戦争の帰還兵がPTSD（心的外傷後ストレス症候群）と呼ばれる症状により，社会復帰が困難になるケースが相次いだこともあり，心因性の行動障がいに対する研究が進みはじめた。この流れは，その後，心に重荷を背負った子どもたちの治療的援助に大きく影響を与えることになる。

2．児童心理治療施設の目的と役割

（1）児童心理治療施設とは

このような社会背景を受けて，1961（昭和36）年，児童福祉法に情緒障害児短期治療施設（以下，情短）の規定が追加され，翌1962（昭和37）年には岡山県立津島児童学院，静岡県立吉原林間学園，大阪市立児童院が開設された。

当初，情短には小学生の軽度非行が主に措置されていたが，先述したように，時代とともに入所者の援助ニーズが変遷していった。具体的には，不登校や発達障がいの子どもたちが増加していった。また，そうした行動的特性に加えて，児童虐待を受けた子どもも増加していった（図９－１参照）。

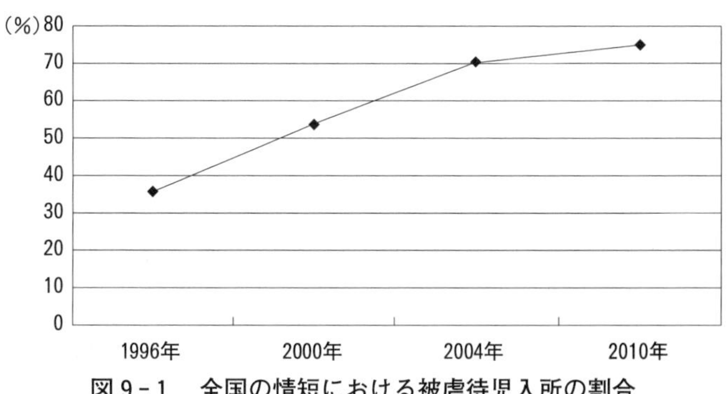

図９－１　全国の情短における被虐待児入所の割合

その後情短は，2018（平成30）年４月現在，全国で50か所（公立９か所，私立41か所）が設置されている。情短は，2010（平成22）年度までには全都道府県に設置される計画であったが，技術的にも経営的にも多くのノウハウが必要で未設置の地域もある。

情短は，2016（平成28）年６月の児童福祉法改正により，2017（平成29）年度から「児童心理治療施設」と名称変更された。これは，全国情短協議会が，「情緒障がい」という用語は，定義が明確でなく誤解を与える危険がある点や入所児たちがこの言葉を嫌がる点などから，また，「短期」という言葉は，実際は平均在所期間が2年以上に及ぶ実態に即していないことから，施設名称の変更を要望していたことによる。改正児童福祉法では,「児童心理治療施設は，家庭環境，学校における交友関係その他の環境上の理由により社会生活への適応が困難となつた児童を，短期間，入所させ，又は保護者の下から通わせて，社会生活に適応するために必要な心理に関する治療及び生活指導を主として行い，あわせて退所した者について相談その他の援助を行うことを目的とする施設とする」(児童福祉法第43条の2）と規定されている。

(2) 児童心理治療施設で働く専門職員

児童心理治療施設で働く専門職員（スタッフ）は，管理職，児童指導員，保育士，看護師，心理療法を担当する職員（通称，心理職)，栄養士，調理員，医師，事務員からなる。また多くの施設には，敷地内に教育機関（主に小中学校の分教室等）があり，そこでは教員が働いている。児童心理治療施設では，これらのスタッフが，生活，心理，医療，教育というそれぞれの専門の業務を協働で担いながら，総合的に子どもの心のケアに取り組んでいる。この方法は総合環境療法と呼ばれ，子どもの生活すべてにかかわる治療的援助である。

児童福祉施設設備運営基準では，児童指導員と保育士の数は，あわせて，入所児童4.5人に対して1人，心理職は子ども10人に対して1人，管理職，医師，看護師，栄養士，事務員は1施設に1名である。近年，高度で入念な治療的援助を必要とする入所児童が増加しつつあり，この人員数は十分とはいえない。

(3) 児童心理治療施設の利用状況

児童心理治療施設の利用形態には入所と通所があり，手続きは各都道府県の児童相談所を通して行われる。治療的援助の費用を含め，設備運営基準を維持するための費用は都道府県が支弁し，国がその2分の1を負担する。ただし，都道府県は，利用者(保護者)の負担能力に応じて費用徴収することができる。

2015（平成27）年度の在所期間は，1年未満の児童が全体の32%，1年以上2年未満23%，2年以上45%となっている。5年以上に及ぶ児童も8%弱いる。

利用者（児童）の年齢はおおむね小学生（6歳）以上18歳までであるが，近年は虐待による幼児の入所を受け入れている施設もある。

主な入所理由については，虐待が6割を占め，次いで，不登校，家庭内暴力，軽度発達障がいなどである。この割合については全国的にばらつきがあり，都市圏（大阪府，愛知県等）では虐待の割合が多くなる。全国の児童養護施設にも虐待を受けた子どもたちは多く入所しているが，児童心理治療施設に入所が依頼される虐待ケースは，重度で，より深い心の傷を受けている場合が多い。

（4）児童心理治療施設の役割

児童心理治療施設の目的は，児童福祉法では「心理に関する治療」をすることとされているが，実際には，「治療」というより，子どもたちの「心のしんどさ」を理解して，「心のしんどさとの付き合い方をスタッフと一緒に考える」という仕事をしている。むごい虐待を受けたり，親の自殺を目撃するなどの経験をもち，心に深い傷を受けている子どもたちの心が短期間で癒えるとは考えられない。それは子どもたちの一生のテーマであり，そのテーマの扱い方を，入所している期間にスタッフと共に考えるのである。

また，利用者の家族にも，子どもたちの「心のしんどさ」や特性を理解してもらい，その治療的援助に参画してもらうこともある。当事者の子どもを中心に，「人とのつながり」を一つひとつ丁寧に作り上げ，共に育てなおしをすることが児童心理治療施設の役割であろう。

3．児童心理治療施設に入所している子どもの自立支援

（1）生活訓練

児童心理治療施設での援助の基本は生活訓練である。施設を利用する子どもたちの問題行動の多くは，心のケアだけでなく実際の生活スキルの獲得によって緩和される。生活訓練にはいくつかのメニューがあり，そのなかの代表的なものとして，「怒りのコントロール」という方法がある。

怒りをコントロールできないで，暴力や破壊行動を頻発し，社会生活に破綻をきたして入所してくる子どもは多い。そうした子どもたちには，まず怒りへの気づきを促すかかわりを行う。「自分は怒っている」ということに自分自身が気づかない限り，次の対処ができないからである。

スタッフは，例えば，日常生活で子どもがイライラしている場面に出会った場合などには，「何が君をイライラさせてるの」という声かけを行う。これにより，子どもは「怒りの気づき」ができる。そして，その内容を他者に話すことで，何が原因で，どんな気持ちになっているのかという「怒りの具体化」が可能となる。怒りが具体化されれば，自分が怒っている原因を特定できる。

また，A君に悪口を言われたことがイライラの原因であることがわかれば，A君と話し合うなど，その原因と向き合う作業を通して怒りをコントロールすることが可能になる。怒りが強い場合は，時にはサンドバッグ等を利用して代替的な怒りの発散を行うこともある。

日常生活のなかで，このような作業を繰り返すうちに，しだいに自ら怒りをコントロールすることができるようになる。怒りのエネルギーを暴力で発散させていた子どもは，話し合いや，強いエネルギーを昇華する行為(スポーツ等)で仲間とうまくやっていくことができるようになるのである。

ただ，児童心理治療施設に入所している子どもたちのなかには，入所以前の出来事（虐待，親との死別，ひどいいじめ等）に対して根深い怒りを抱えているケースが多い。子どもたちがこの怒りに気づき，取り扱えるようになるには多大な時間と治療的援助の積み重ねが必要であり，短い入所期間中に怒りのコントロールを達成するのは困難な場合もある。そのような場合には，退所後も他機関とも連携したアフターケアを続けていくことが重要である。

（2）生活のなかでの治療的かかわり

私たちの心は，ショックなことがあると，それを一度に受け入れられず（肝の据わった人は別として），何度もそのことを思い直したり，人に話したりすることによって，徐々に受け入れようとする。そのようにして，その受け入れができたとき，「まあいいか。また今度頑張ったらいいわ」，とか，「また良いこともあるわ」，という心境になるなど，自分の心の平静を取り戻すことができる。このことは，マステリング（事態の修得）といわれ，私たちは，このようなことを繰り返して心のバランスを取りながら日常生活を送っている。

児童心理治療施設が行おうとしていることは，基本的に，健康な家族が通常行っているような人と人との支え合いを意図的に作り出し，生活，心理，医療，教育が協働しながら，子どもたちの傷ついた心を癒していくことである。

健全な家庭の子どもは，多少傷つくことがあっても，休息する，思いを話し合う，お互いを心配するなどの日常生活を通して，その心は癒され，英気を養い，希望を持つことができるであろう。子どもが，その日学校であった辛いこと，いやなことを，家に帰ってから母親に話しはじめる場面を想定したとき，母親が，「うん，そうだったの」とか「それは大変やったね」，と頷くうちに，子どもの表情が緊張から安心に変わっていくことはよくあることである。毎日の生活のなかには，心の成長とバランスを保つのに大切な要素がたくさん含まれている。治療的援助の根幹は，このような人の支え合いによる日常生活が持つ治癒力を意図的に再現して，子どもを癒し，育てなおすことである。同時に，どんなに深い心の傷や心理的困難のある子どもでも，その逆境から恢復（かいふく）する力（これを，レジリエンスという）をもっていることを信じ，それを育むことが自立支援の基本である。

（3）心理治療

児童心理治療施設を利用する子どもたちの多くは，通常では考えられない大きなショック（性的虐待，親の自殺，ひどい暴力等）を受けており，心は痛んだまま凍りついている場合が多い。児童心理治療では，その傷ついた心を癒すために，様々な治療や援助の技法が用いられている。

1）心のケア

治療のプロセスは段階を追って進んでいく。まず，傷ついた心をもつ子どもたちのケアは，「安心，安全感のある生活」の提供からはじまる。「もう無茶苦茶なことは起こらない。自分は守られている」という安心感が得られなければ，自らその痛んだ心に向き合うことはできない。

外的な安心感が得られた子どもたちの心は，徐々に内面に向き始める。怒り，悲哀，焦燥，無力感など，心の奥に閉じこめていた感情を意識しだした子どもたちの心には，嵐が吹き荒れることになる。今まで凍りついていた記憶や感情が徐々に融け出してくるのである。

このような状況に対応するために，児童心理治療施設には心理治療室（図9-2）が設けられている。そこで次に，日常生活から切り離された特別な空間で行われるプレイセラピーで，そのような感情を適切に扱い，心のケアを進め

図9-2　心理治療室
（日常とは違う場所で子どもたちは心の中を表現する）

図9-3　自由時間
（体を動かすことも心の安定には大切）

図9-4　楽しい食事
（「今日のメニューは何かな？」）

図9-5　敷地内の分教室
（少人数学級で基礎学習を学ぶ）

ていくことになる。

並行して，前述のように，生活空間（図9-3，図9-4）では，怒りのコントロール等のスキルを徐々に獲得していく。

また学校（図9-5）では，個別学習で成功体験を積み重ね自尊感情を育てる実践が行われる。

2）積み残しの挽回

発達という観点からみると，児童心理治療施設の主な仕事は「積み残しの挽回」であるといわれる。この意味は，何らかの要因（虐待や障がいへの無理解等）によって，通常の発達過程がうまく積み上げられなかった子どもが，改めてその過程を積み上げることができるよう援助し，育てなおしを行うということである。また発達障がいの子どもたちには，心の育てなおしと同時進行で，生活スキルを習得させることが必要となる。

生まれたばかりの子どもの感情は，快，不快といった未分化な感情であるといわれる。子どもは，大人による適切なケアの体験を重ねることによって，不快から快になるプロセスを数多く経験し，しだいに感情の分化が進んで豊かな感情を獲得し，自分の心をコントロールできるようになる。

第6章でもふれているように，泣いている赤ちゃんの感情は不快で占められているが，お母さんがだっこしたり，おむつを替えてあげたり，母乳を飲ませるなど不快を取り除く行為を行うと，赤ちゃんの感情は快になる。この繰り返しによって，とても気持ち良い，気持ち良い，普通，ちょっと気持ち悪い，とても気持ち悪いなどの感情分化が進み，成長するに従って，やがて自分で不快から快になる力を持てるようになる。

児童心理治療施設でも，イライラしている子どもたちに対して，スタッフは，話を聞いてやり，気持ちを整理しやすいように援助する。このことにより，子どもはイライラした状態から抜け出しやすくなる。やがて，スタッフの力を借りなくても，自分でイライラに対応できるようになる。

近年，児童心理治療施設に入所する子どもたちには，乳幼児期に十分なケアを受けていないケースが多くなっている。そうした子どもたちは，概して感情の分化が未発達である。その結果，不快な感情処理がうまくできず，やがて暴力等の反社会的行動を起こしやすくなる。児童心理治療施設では，このような子どもたちに対して，繰り返し不快から快に導くかかわりを続けている。施設退所までの目標として，その作業を自力でできる力を身につけるよう，見通しをもった援助を追求し，実践しているのである。

4．児童心理治療施設の課題と将来像

(1) 児童心理治療施設への社会的期待

現在の子どもを取り巻く諸問題には，少子化，児童虐待，少年事件，不登校，引きこもり，発達障がいなど様々な問題がある。これらの問題に共通している懸案は「人とのつながり」ではないかと思われる。

子どもが人間らしく育つ上で，「人とのつながり」は不可欠である。しかし，現代の子どもたちはきょうだい間や，地域の子どもたちとのふれあいが少なく，また，「人とのつながり」を育む親のほうも，親族や，地域との交流が乏しく，困ったときに援助を受けにくい状態に置かれている。このような状態が，子どもたちにとっても対人スキルの低下を招いていることは容易に予想できる。

とりわけ児童心理治療施設の子どもたちにとって，その入所理由が虐待であれ，不登校であれ，発達障がいであれ，「人とのつながり」の力を獲得するための治療的援助は基本的な仕事であるといえる。「人とのつながり」にかかわる課題をかかえる子どもがますます増えている現代社会において，児童心理治療施設の果たすべき役割はいっそう大きくなっているといえよう。

(2) 児童心理治療施設の課題

2004（平成16）年度の全国情短協議会の調査で，全国の約半数の情短が，いわゆる「施設崩壊」という状態に陥っていることが報告された。その後は児童福祉施設設備運営基準の改善や，各施設が様々な治療支援の技術向上を行い，状況の回復には向かっているが，多くの課題が残されている。その背景には，

近年，攻撃性の高い年長児（中学，高校生）の入所が急増し，抑えきれない他害行為などのため，施設生活の安全が脅かされる事態が進行していたのである。

筆者の勤務する施設でも，2004（平成16）年度，そうした状態に直面した。物品は破壊され，けんかは頻繁に発生し，対応するスタッフが入所している子どもたちから暴力を受けるなど，1年間に断続的に子どもたちの反社会的な行動が続いた。同年度には，全国の情短で，放火や，ひどいいじめ，大けがをするような暴力が起こっている。

生活全体を通してケアを行っている児童心理治療施設は，攻撃性の高い子どもたちが多数入所すると，施設の生活全体がかき乱され，崩壊状態に陥る危険性が多分にある。生活スタッフの法定の最低基準は子ども3人に対してスタッフが1人である。公休や毎週の宿直時間を考えると，現実には子ども6～8人にスタッフが1名ほどとなり，一人ひとりに丁寧に対応するには，十分とはいえない。虐待を受けた子どものなかには，暴力や破壊行動への親和性が高く，容易に反社会的な行動を引き起こすようなケースが少なくない。そうした子どもたちに安心で安全な生活を提供するためには，もっと手厚い人員配置が必要である。また，生活場面での援助方法をそろえるために「コモンセンスペアレンティング」や「セカンドステップ」等のプログラムを施設として用い，職員のチーム力を上げることも重要である。

心のケアが必要な子どもたちの治療的援助は，常に安心で安全な生活が基礎となる。今後，児童心理治療施設には，反社会的な行動傾向の強い子どもの入所がますます増えてくることが予想される。そのような子どもたちの治療的援助のためには，安心で安全な生活が基本であるにもかかわらず，児童心理治療施設が安心で安全な生活を提供できないことは，治療的援助を目的とした施設でありながら，入所することによって，逆により深く傷ついてしまうという矛盾が深まっていくことでもある。この問題は一刻も早く解決されるべきである。

（3）児童心理治療施設の将来像

2016年の児童福祉法改正で，情短の名称は改められたが，一方，「子ども心療センター」として，従来の情短より一歩進んで，子どもの心のケアに関する相談，治療機関としての機能を併せ持つ総合的施設としての将来像の構想もある。「子ども心療センター」の構想は，相談，外来機能を新たに創設することにより，児童虐待の予防とともに，子どもの心のケアに関する相談・治療を，施設入・通所前からアフターケアまで一貫して行うことをめざしている。

また，相談・治療の種類についても，育児相談から虐待相談，発達障がいや精神疾患の診断や治療，思春期問題への対応，さらに教育相談やソーシャルワークにおよぶことがめざされている。同センターが，児童相談所，保健センターと連携することにより，総合的な治療的援助のサービスを地域に提供することができるようになる。実際，児童心理治療施設のいくつかは，併設する外来の心療所や，児童家庭支援センターを付置し，地域に根ざした治療援助を行っている。先駆的な米国でも，ケンプセンター等の治療施設では，健全な子育て教育，虐待の予防など，治療におよぶ前段階のサービスに多くのエネルギーを費やし，大きな効果をあげている。治療援助は早ければ早いほど，コストもマンパワーも利用者の苦痛も少なくてすむことは明らかである。

今日，日本の児童福祉全体が，地域に根ざした子育ての相談・援助機能を充実させ，子どもの権利保障にいっそう寄与する方向をめざしている。児童心理治療施設の将来像においても，治療・援助技術などの専門性の向上とともに，外来の治療機能の充実をはじめとする施設内部の条件整備や，入所児童が施設から地域の学校に通学するための条件整備などが進められ，「すべての子どもが家庭でうまく育てられる」ために，その役割を積極的に果たすことがめざされなければならない。

（堀　健一）

■参考文献

全国情緒障害児短期治療施設協議会編『子供の心を育てる生活』星和書店，1990

全国情緒障害児短期治療施設協議会『心を育む』2000年1号，2006年2号

全国情緒障害児短期治療施設協議会「心理治療と心理教育―情緒障害児短期治療施設研究紀要―」2003～2005

子どもの虹情報研修センター「虐待の援助法に関する文献研究」2004

第10章 知的・身体的障がいのある子どもの社会的養護

1．障がいとは

障がいとは，心身の機能や状態などの個人のもつ特性と物理的環境や社会的環境の間に不調和が生じた結果，個人に生活しづらさが生じてしまっている状態をさす。

WHO（World Health Organization：世界保健機関）は，国際的な障がいの定義として，1980年にICIDH（International Classification of Impairments, Disabilities and Handicaps：国際障がい分類）を提唱した。この分類は障がいを構造的に捉えようと試みたものであり，これにより障がいの統計的な把握しやすさやサービス評価への応用などが期待されるようになった。とはいえ，このときに提唱された障がいは，疾病（disease）などの要因が，機能障がい（impairment）と能力障がい（disability），社会的不利（handicap）を段階的に生み出すというプロセスを説明したものであった[*1]（図10-1上）。

その後，国際的な論調のなかで，ICIDHに対し，治療ということに主要な価値が置かれた「医学モデル」であるという批判，あるいは，「障がい」のある個人に問題の原因が置かれた「個人還元主義」だという批判が生じるようになった[1)]。その結果，「障がい」を単に「障がい」のある個人に責任を求める

＊1　例えば佐藤久夫は，ICIDHについて「病気に引き続いて手足のまひや失明などの生物学的レベルの障害（機能障害）が生まれ，そのため歩けない，文字が読めないなどの個人レベルの障害（能力障害）が生まれ，引き続いて就職できないなどの社会レベルの障害（社会的不利）が生まれる」と解説する。（佐藤久夫「ICF（国際生活機能分類）の概要と意義」（職リハネットワーク，2003年3月），pp.31-37）

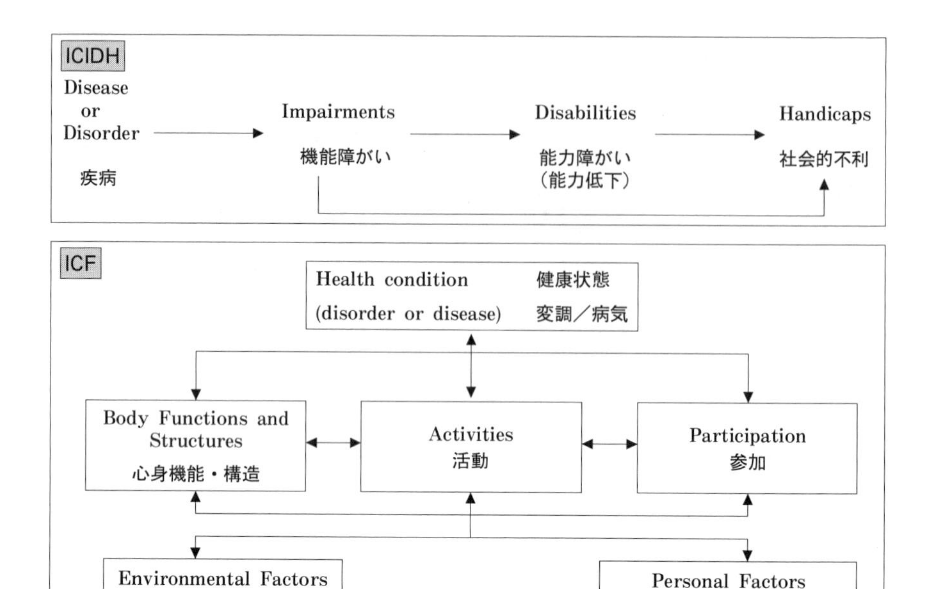

図10-１　ICIDH による障がいの構造と ICF の構成要素間の相互作用

という考え方を見直し，また，障がいを単に「～できない」という否定的視点からのみ捉えていたICIDHの姿勢を問い直し，物理的環境や社会的環境も含めて考えるべきこと，さらに，障がいの肯定的な要素についても考慮すべきことが主張されるようになった。

そこでWHOは各国から出された修正案をもとにICIDHを再検討し，2001年にICF（International Classification of Functioning, Disability and Health：国際生活機能分類）[2]を新たな障がいの定義として提唱をした（図10-１下）。ICFの最大の特徴は，上述の議論を経て「障害を人間と環境との相互作用の下で理解することとした点」[3]であるといえる。この考え方を「社会的モデル」と呼ぶ。これにより，国際的に，障がいを単に否定的に捉えるのではなく，障がいがあるからこそできることなども含めて障がいを定義すること，障がいのあるなしに関係なくICFを広く活用できることが確認された。

さて，このような状況にある人たちが国際的な定義からみた障がい児・者ということになるが，その一方で日本の障がい福祉行政のなかでは，国際的な定義とは別に「障がい児」が定義されている。日本では，かねてから児童福祉法を根拠に，知的障害者福祉法や身体障害者福祉法などの法に基づく「療育手帳*[2]」や「身体障害者手帳」を受けている子どもを「障がい児」と呼んできた。また2004年（平成16）年12月に制定された発達障害者支援法以降，自閉症*[3]，アスペルガー症候群*[4]，学習障がい(LD)*[5]，注意欠陥多動性障がい(AD/HD)*[6]などの発達障がい児が，さらに2012（平成24）年の児童福祉法の一部改正では，新たに「精神に障害のある児童」が「障がい児」に加えられた。

2．障がい児施設の種類と機能

2012（平成24）年４月１日に施行された改正児童福祉法により，障がい児施設の枠組みは大きく変更された。これまでの児童福祉法で，障がい児の施設として規定されてきた知的障害児施設，第１種自閉症児施設，第２種自閉症児施

＊2　療育手帳：知的障がい児（者）に対する一貫した指導・相談を行い，サービス利用を選択しやすくすることを目的とした手帳。身体障害者手帳，精神障害者保健福祉手帳とは異なり，都道府県の条例により定められている。

＊3　自閉症：アメリカ精神医学会（1996）作成のDSM-IV(Diagnostic and Statistical Manual of Mental Disorders：精神疾患の診断と統計のためのマニュアル）によると，「①対人相互反応，②対人コミュニケーションに用いられる言語，③象徴的または想像的遊び」に遅れまたは異常がみられるなどの特徴を示す。2013年に出版された最新版DSM-Vでは，社会的コミュニケーションの問題やこだわりの２つに基本的特徴がみられる自閉症スペクトラム症／自閉症スペクトラム障がいに整理された。

＊4　アスペルガー症候群：知的障がいをともなわない自閉症のうち，言語による会話能力が高いという特徴をもっている人たちをさす。DSM-Vでは，注意欠陥・多動症／注意欠陥・多動性障がいと訳されている。

＊5　学習障がい：教育上の定義では，「基本的には全般的な知的発達に遅れはないが，聞く，話す，読む，書く，計算する又は推論する能力のうち特定のものの習得と使用に著しい困難を示す様々な状態をさす」(奥住秀之「軽度発達障害児の発達と教育」(菅野敦・橋本創一ほか：新版障害児の発達と教育・支援—特別支援教育／生涯発達支援への対応とシステム構築)，pp. 193-212，山海堂，2004)

＊6　注意欠陥多動性障がい：「不注意」（物事に集中することができない）「多動性」（落ち着きがなく，じっとしていられない）「衝動性」（思いついた時に突然行動を起こす）の三つの行動を特徴とする。DSM-Vでは，注意欠陥・多動症／注意欠陥・多動性障がいと訳されている。

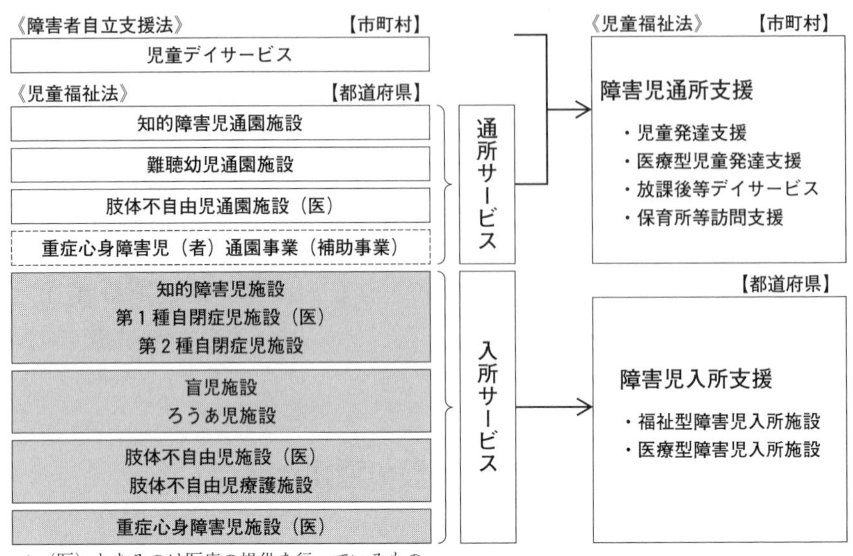

図10-２　障害児施設・事業の一元化

（厚生労働省社会・援護局障害保健福祉部：児童福祉法の一部改正の概要について，2012）

設，知的障害児通園施設，盲ろうあ児施設，難聴幼児通園施設，肢体不自由児施設，肢体不自由児通園施設，肢体不自由児療護施設，重症心身障害児施設をその役割や機能をもとに再編し，従来の通所施設を市町村が実施主体の「障害児通所支援」とし，入所施設を都道府県が実施主体の「障害児入所支援」としてそれぞれ一元化した（図10-２）。また，保護者の利用料負担も見直され，それまでの利用料原則１割負担（応益負担）から，保護者の家計の負担能力に応じた応能負担（上限１割負担）に改められた。

（１）障害児通所支援

障害児通所支援には，①児童発達支援，②医療型児童発達支援，③放課後等デイサービス，④保育所等訪問支援が含まれる。これら支援は，この法改正によって新たに児童福祉施設に加えられた福祉型児童発達支援センター，医療型児童発達支援センターや障害児通所支援事業所などで実施される。なお，これら障害児通所支援を行う障害児通所支援事業は第2種社会福祉事業に位置づけられており，自治体や社会福祉法人以外のものも参入しやすいしくみとなっている。

1）児童発達支援

児童発達支援は，それまで障害者自立支援法（現・障害者総合支援法）に基づく事業として市町村が実施主体となってきた児童デイサービスと，児童福祉法の事業として都道府県が実施主体となってきた知的障害児通園施設，難聴幼児通園施設および補助事業として実施してきた重症心身障害児（者）通園事業を一元化したものである。福祉型児童発達支援センター等の施設において，日常生活における基本的な動作の指導，知識技能の付与，集団生活への適応訓練などの便宜を供与することを目的としている。

2）医療型児童発達支援

医療型児童発達支援は，医療ケアを必要とする子どもが通園する肢体不自由児通園施設が位置づけられることになった。肢体不自由のある子どもに対し，この法律改正によって新たに加えられた医療型児童発達支援センターまたは指定医療機関において，児童発達支援および治療を行うことを目的としている。

3）放課後等デイサービス事業

放課後等デイサービス事業は，学校通学中の障がい児に対して，放課後や夏休み等の長期休暇中において，生活能力向上のための訓練等を継続的に提供することにより，学校教育と相まって障がい児の自立を促進するとともに，放課後等の居場所づくりを推進することを目的としている。

4）保育所等訪問支援

保育所等訪問支援は，保育所等を現在利用中または，今後利用する予定の障がい児が，保育所等における集団生活の適応のための専門的な支援を必要とする場合に，その障がい児に対して必要な支援その他の便宜を供与することを目的としている。実際には，児童発達支援センター等の専門スタッフが障がい児の入所している保育所を週1回程度訪問して，その子どもに応じた療育等の専門的な支援を提供している。

なお，国は，1974（昭和49）年から「障害児保育事業実施要綱」に基づいて，保育所における障がい児保育に国庫補助を行ってきたが，1990年代以降には「特別保育事業」のひとつとしてその位置づけを縮小し，2003（平成15）年にはこの事業を特定財源（障がい児保育のための国の予算枠）から外して一般財源化し，市町村の裁量にゆだねることとした。その結果，現在国庫補助によって行われる保育所における障がい児支援は，この保育所等訪問支援のみとなっている。

（2）障害児入所支援

障害児入所支援は，障害児入所施設に入所または指定医療機関に入院している障がい児に対して行われる保護，日常生活の指導および知識技能の付与を目的としている。また障害児入所施設のうち，医療型障害児入所施設に入所，または指定医療機関に入院する知的障がい児，肢体不自由児，重症心身障がい児に対しては，保護や日常生活の指導および知識技能の付与という支援だけでなく，そこで行われる医療的なケアも支援の内容に含まれる。

（3）障害者総合支援法による居宅サービス

障がい児に提供されるサービスのうち，居宅サービスの提供は，障害者総合支援法（正式名：障害者の日常生活及び社会生活を総合的に支援するための法律）に基づく介護給付のサービスとして提供される。提供されるサービスの種類は表10-1に示すとおりである。

（4）障害児相談支援の創設

これら障害児通所支援および障害児入所支援の創設と併せて，2012（平成24）年の児童福祉法改正では，新たに障害児相談支援が創設されている。障害児相談支援とは，①障害児支援利用援助および②継続障害児支援利用援助を行うことをいう。障害児通所支援の実施主体がすべて市町村に一元化されたのに伴い，これまで児童相談所が担当してきた障害児通所サービスの利用にかかる相談等を新たに市町村長が指定する障害児相談支援事業者に委託することになった。

表10-1　居宅サービスの種類（介護給付）

サービスの種類	サービスの内容
居宅介護（ホームヘルプ）	障がい者等につき，居宅において入浴，排せつまたは食事の介護などの便宜を供与する
重度訪問介護	重度の肢体不自由者で常に介護を必要とする人に，自宅において，入浴，排せつ，食事などの介護のほか，外出時における支援など総合的に行う（児童福祉法第63条の規定に基づき児童相談所長から市町村長が通知を受けた場合）
同行援護	視覚障がいにより，移動に著しい困難を有する障がい者等につき，外出時において，当該障がい者等に同行し，移動に必要な情報を提供するとともに，移動の援護その他の便宜を供与する
行動援護	知的障がいまたは精神障がいにより行動上著しい困難を有する障がい者等であって常時介護を要するものにつき，当該障がい者等が行動する際に生じ得る危険を回避するために必要な援護，外出時における移動中の介護などの便宜を供与する
重度障害者等包括支援	常時介護を要する障がい者等であって，その介護の必要の程度が著しく高いものにつき，居宅介護などの障がい福祉サービスを包括的に提供する
短期入所（ショートステイ）	居宅においてその介護を行う者の疾病その他の理由により，障がい者支援施設等の施設への短期間の入所を必要とする障がい者等につき，当該施設に短期間の入所をさせ，入浴，排せつまたは食事の介護などの便宜を供与する

ただし，居宅サービスの利用は，障害者総合支援法に基づく指定特定相談支援事業者が担い，障害児入所支援の利用に関する相談は，引き続き児童相談所が担うことになっている。

1）障害児支援利用援助

障害児支援利用援助は，障害児通所支援を利用するための計画策定を行う支援の総称である。具体的には次の2点が中心となる。1点目は，障がい児の心身の状況，その置かれている環境，当該障がい児またはその保護者の障害児通所支援の利用に関する意向その他の事情を勘案し，利用する障害児通所支援の種類および内容その他の厚生労働省令で定める事項を定めた計画（障害児支援利用計画案）を作成することである。2点目は通所給付決定または通所給付決定の変更の決定が行われた後に，指定障害児通所支援事業者等その他の者との

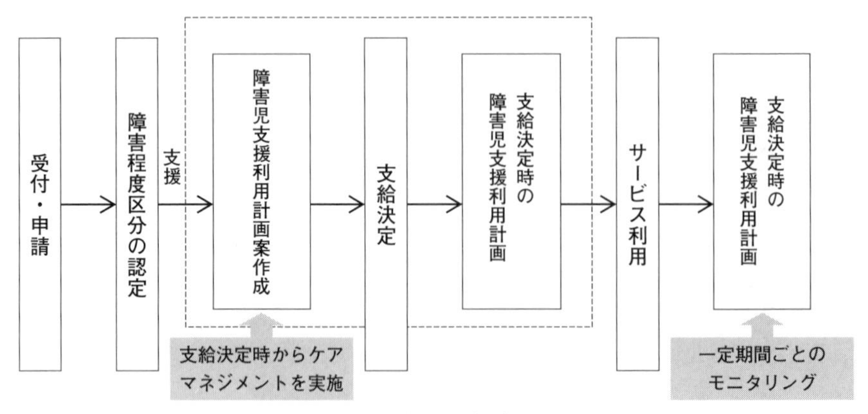

図10-３　支給決定プロセス

連絡調整その他の便宜を供与するとともに，当該給付決定等に係る障害児通所支援の種類および内容，これを担当する者その他の厚生労働省令で定める事項を記載した計画（障害児支援利用計画）を作成することである。

２）継続障害児支援利用援助

継続障害児支援利用援助は，厚生労働省令で定める期間ごとに，サービス等の利用状況の検証を行い，個別に障害児支援利用計画の見直し(モニタリング)を行うことが支援の中心となる。また，障害児通所支援事業所等との連絡調整，支給決定または支給決定の変更にかかる申請も行う。

支給決定のプロセスを図10-３にまとめた。

３．障がい児福祉における施設養護の今後

2012（平成24）年の児童福祉法改正により，障がい児福祉の体制が大きく変わったことは前節で述べてきた通りである。すべての障がいを一元化して支援をするという枠組みがこの改正によって確立された。とはいえ，発達障がい児や精神障がい児など新たに加わった「障がい児」に対する支援はまだ十分に行き届いていないのが現状である。これら障がい児に対する支援体制を早急に構

築することが求められる。

またこの法改正では，保護者のサービス利用に対する負担方式が，従来の応益負担から応能負担に変わった。しかしながら，わが国が批准している子どもの権利条約には，第23条3項で，以下の文言が記されていることを忘れてはならない。

> 障害を有する児童の特別な必要を認めて，2の規定に従って与えられる援助は，父母又は当該児童を養護している他の者の資力を考慮して可能な限り無償で与えられるものとし，かつ，障害を有する児童が可能な限り社会への統合及び個人の発達（文化的及び精神的な発達を含む。）を達成することに資する方法で当該児童が教育，訓練，保健サービス，リハビリテーション・サービス，雇用のための準備及びレクリエーションの機会を実質的に利用し及び享受することができるように行われるものとする。（日本ユニセフ協会訳を引用：子どもの権利条約，http://www.unicef.or.jp/about_unicef/about_rig_all.html）

この条項に照らせば，障がい児に対するあらゆる福祉サービスは，可能な限り無償で提供されるはずである。負担方式が変わったとしても，障がい児の生命にかかわる支援もサービスとして購入することは従来と変わりがないため，引き続き国は，日本国憲法第25条に定められている生存権をどのように保障していくのか検討していく必要がある。

終わりに，日本が2014（平成26）年1月20日に国連の障害者権利条約（2006年制定）に批准したことにも触れておきたい。

この条約は，本章冒頭で取り上げたICFの考えに基づく「社会モデル」が反映されている。条約の目的は，「全ての障がい者によるあらゆる人権および基本的自由の完全かつ平等な享有を促進し，及び確保すること並びに障がい者の固有の尊厳の尊重を促進すること」（第1条）である。この条約は全50条あり，障がい者に対する合理的配慮の提供（第2条），意思決定過程における障がい当事者の関与（第4条），自立した生活および地域社会への包容（第19条）などが定められている[4)]。

これらのことも踏まえ，支援者は，障がい児が本人の意思に基づいて，本章で取り上げた施設のサービス利用や地域の一員としての生活を送ることができるよう，障がい児の意思をくみ取り，その意思を尊重した支援を提供することを心がけていく必要がある。加えて，障がい児本人に対する働きかけにとどまるのではなく，障がい児が安心して生活することができる地域づくり，障がい児を育てている家族への支援など，広い視野をもって障がい児の生活をとらえ，支援することを心がけていただきたい。

（京　俊輔）

■引用文献

1）佐藤久夫「WHO 国際障害分類試案への批判と修正動向」（リハビリテーション研究1992年10月），pp.34-37，日本障害者リハビリテーション協会，1992
2）世界保健機関（WHO）『国際生活機能分類―国際障害分類改定版』中央法規出版，2001
3）上田敏「国際障害分類初版（ICIDH）から国際生活機能分類（ICF）へ―改定の経過・趣旨・内容・特徴」（月刊ノーマライゼーション2002年6月），pp.9-14，日本障害者リハビリテーション協会，2002
4）外務省「障害者権利条約パンフレット」，2018

第11章 社会的養護における子どもの権利擁護

1．子どもの権利擁護とは

子どもの権利擁護は，以前から社会的養護分野において養育のいとなみの原則に位置づく理念のひとつであった。近年では，さらに重要な理念として位置づく。本節では，子どもの権利擁護をめぐる近年の動向やその背景，現状を述べる。

（1）子どもの権利擁護をめぐる近年の動向

子どもの権利擁護の基盤となる理念を示す世界基準に，1989年に国連総会で採択された子どもの権利条約（以下，権利条約）がある。権利条約は，第12条の意見表明権に象徴されるように，子どもを救済や保護の対象とするだけでなく，成長・発達する存在であり，年齢と成熟度に応じて意向を尊重する必要のある存在と位置づけた。日本は1994（平成６）年にこの条約を批准し，さらに1997（平成９）年には児童福祉法を改正して，「子どもの権利擁護」および「自立支援」を子どもを養育していく上での重要な理念とした。

権利条約の採択から20年後（2009年11月20日），国連は，代替的養護に関する指針(Guidelines for the Alternative Care of Children，以下，指針*[1])を策定した。これは，国連が，血縁関係のある親（以下，実親）によって育てられ

＊1　「代替的養護に関する指針」という訳は日本政府によるものであるが，以下，指針の引用は，子どもの村福岡『国連子どもの代替養育に関するガイドライン～SOS子どもの村と福岡の取り組み』福村出版，2011による。

ない子どもの養育における理念と原則，保障するべき具体的な要件を示した国連文書である。核となる2つの原則があり，ひとつは，代替養育の必要性を十分に検討するという「必要性」の原則，もうひとつは，提供される代替養育が子どもにとって適切なものであるかという「適切性」の原則である。

「必要性」の原則では，子どもが保護者と分離されないために，実親による養育の促進，家族分離の防止のための要件を明示している。すなわち，家族は「社会の基本集団であり，子どもの発達，ウェルビーイングと保護のための本来の環境（第3項）」と位置づけ，「まず何よりも，子どもが実の両親の養育（中略）に戻ることができるよう力を尽くすべきである（第3項）」とする。「家族が子どもを養育する役割を果たすために，各国は，さまざまな支援を確保しなければならない（第3項）」とし，子どもが家族とともに育つ権利に必要な要件を責任の所在も明確にしながら段階的に示した。

「適切性」の原則では，適切な代替養育の条件を示している。すなわち，代替養育は，家庭的な環境であること，子どもの安全と安定という言葉が繰り返し用いられる。たとえば，代替養育は，可能な限り住み慣れた場所の近くにし，子どもの教育的・文化的・社会的生活の断絶を最小限にすること（第11項），永続性を重要な目標とし，安定した家庭を保証すること，安全かつ養育者との継続的な愛着という基本的なニーズを満たすこと（第12項）などである。そして，「施設養育は，その環境が，子ども個人にとって，とりわけ適切で必要かつ建設的であり，その子どもの最善の利益に沿う場合に限られるべき」（第21項）であり，「3歳未満の子どもの代替養育は，家庭を基盤とした環境で提供されなければならない」（第22項）としている。

ここまで述べた2つの原則に加え，随所に盛り込まれているのは，子どもと家族の個別性を重視すること（第57，58項），決定に関する協議には子どもと家族が参加すること（第57項），家族，子ども，若者に対するエンパワーメントの視点（第34，41，64項）である。

2016（平成28）年6月，児童福祉法が改正され，その理念にかかわる第1条および第2条，第3条が大幅に改正された。第1条（p.54参照），また第2条においては，「社会のあらゆる分野において，児童の年齢及び発達の程度に応じて，その意見が尊重され，その最善の利益が優先して考慮され，心身ともに健やかに育成される」とされ，ようやく権利条約の精神が盛り込まれた。社会保障審議会の専門委員会によって2017（平成29）年８月に示された「新しい社会的養育ビジョン」は，国連の指針の理念を盛り込み，かつ2016年６月の改正児童福祉法の理念を実現するものとなっている。

表11-１は，社会的養護分野の民間団体や政府による報告書および通知における「権利擁護」の記述のされ方を一覧にしたものである。子どもの権利擁護は,子どもの養育における基本的な理念であり,子どものケアを行う職員にとっては，子どもに向き合う姿勢や原則を明示するものである。かつては，権利擁護の具体的な内容は示されなかったが，近年になり，その具体的内容や取り組みが示されるようになってきたことがわかる。

2017（平成29）年12月に出された「社会的養育の推進に向けて」（厚生労働省子ども家庭局家庭福祉課）では，「７．社会的養護の質の向上，親子関係再構築支援の充実，権利擁護など」において，子どもの権利擁護における論点が示された。それは，①子どもの権利擁護の推進，②子どもの意見をくみ上げるしくみ，③被措置児童（施設で生活している子ども）等虐待の防止，④子どもの養育の記録である。①子どもの権利擁護の推進では，「子どもの権利擁護は，子どもの基本的人権を護ること」という定義が示されている。権利条約の「生きる権利」「育つ権利」「守られる権利」「参加する権利」の４つの権利があること，最低基準改正による人権配慮規定および児童福祉法改正による子どもの権利主体性の明記をあげている。②子どもの意見をくみ上げるしくみでは，『子どもの権利ノート』の活用や意見箱，苦情解決責任者，苦情受付担当者，第三者委員，都道府県社会福祉協議会の運営適正委員会等の活用が示されている。また，当事者の声を聞き，施設等の運営の改善や施策の推進に反映していく取り組みも重要であるとされた。③被措置児童等虐待の防止では，2009（平成21）年の被措置児童等虐待の通報制度，「被措置児童等虐待対応ガイドライン」に基づく施設職員や里親による虐待防止の徹底をあげている。④子どもの養育の

表11-1　社会的養護分野の報告書および通知書における「権利擁護」の記述のされ方

時期	発行者／報告書・通知名	記述のされ方
1995年2月	全国養護施設協議会『養護施設の近未来像報告書』	児童養護施設の近未来像を考える基本的視座として児童中心主義があげられ，「児童の権利保障を最優先にという実践原則が貫かれるように」と提言。
1997年12月	厚生省通知「児童養護施設における適切な処遇の確保について（児家第28号）」	入所児童の権利擁護と懲戒権乱用を禁止し，適切な処遇の確保について通知。
1998年10月	厚生省児童家庭局家庭福祉課『自立支援ハンドブック』	児童自立支援施策の一つとして入所児童の権利擁護をあげている。「児童が自ら考える機会を増やしていくような援助」が提案され，「児童の自主性と自己決定を尊重することは最大の権利擁護」としている。
2003年4月	全国児童養護施設協議会『子どもを未来とするために—児童養護施設の近未来—』（児童養護施設近未来像Ⅱ報告書）	児童擁護の基本理念として，「常に子どもの最善の利益の視点に立ち，子どもの権利擁護に努めることが必要である」と記述。
2003年10月	社会保障審議会児童部会「社会的養護のあり方に関する専門委員会報告書」	今後の社会的養護のもとに生きる子どもに対する取り組みの方向性として，「子どもの権利擁護を基本とし」という文面が繰り返し記述。
2008年11月	厚生労働省「被措置児童虐待防止対応ガイドライン」	被措置児童等の権利擁護を図るため，適切な対応を行うことができる仕組みとしてガイドラインを制定。
2010年5月	全国児童養護施設協議会「全国養護施設協議会　倫理綱領」	子どもの権利条約も倫理綱領の原則に含まれ，６つ目として「私たちは，子どもへの差別・虐待を許さず，権利侵害の防止につとめます。いかなる理由の差別・虐待・人権侵害も決して許さず，子どもたちの基本的人権と権利を擁護します。」と記述。
2011年6月	児童福祉施設設備運営基準改正	第５条が新設される。文言は、以下の通り。「第５条　児童福祉施設は、入所している者の人権に十分配慮するとともに、一人一人の人格を尊重して、その運営を行わなければならない。」
2012年3月	厚生労働省「児童養護施設運営指針」	指針は，児童養護施設等の基本理念等を述べた総論と児童養護施設を運営するための各論に分かれる。各論は，８つの項で構成され，４つ目の項に権利擁護があげられる。その内容は，（１）子どもの尊重と最善の利益の考慮，（２）子どもの意向への配慮，（３）入所時の説明等，（４）権利についての説明，（５）子どもが意見や苦言を述べやすい環境，（６）被措置児童等虐待対応，（７）他者の尊重というトピックで４ページにわたって述べられる。これらは，児童養護施設の生活において具体的にどのようにすることが権利擁護であるのかを示すものである。また，同じ項ではないが，「８．施設の運営」という項目においても，理念や基本方針のなかに必ず子どもの権利擁護の視点を盛り込むことが指摘されている。
2016年6月	改正児童福祉法	第１条に子どもが権利の主体であることが明記される。
2017年8月	新しい社会的養育ビジョン	３．新しい社会的養育ビジョンの実現に向けた工程（８）担う人材の専門性の向上において、「早急に児童福祉審議会による権利擁護の在り方を示し、３年を目途にその体制を全国的に整備すること、2018（H30）年度に一時保護の専門家による評価チームの構成から初めて、おおむね５年以内には社会的養護に関わる全ての機関の評価を行う専門的評価機構を創設するとともに、アドボケイト制度の構築を行う」ことが示される。児童福祉審議会を独立した部会にすること、子どもの意見表明を支援していくためのアドボケイト制度を創設すること、自立支援における当事者の参画を実現していくためにアドボケイト制度を活用すること、一時保護所および措置された子どもの権利擁護等が示される。

記録では，社会的養護で主たる養育者が途中で変わる場合の記録やその引継ぎのあり方について検討する必要をあげている。

2．子どもの権利擁護が必要とされる背景

社会的養護分野において権利擁護が求められてきた背景には，児童養護施設等における体罰問題など施設で生活する子どもの権利侵害の実態が明らかになってきたことがあげられる。また，施設や里親などの代替養育の場に保護される前に命を失ってしまう事態も生じており，その改善が模索されてきた。

代替養育で育つ子どもは，そこに至るまでに，本書第12章で市川太郎が指摘するような家庭崩壊の苦痛，家族分離の苦痛を経験している。そのような子どもの心的外傷の恢復（かいふく）を支えるべき場である施設において暴力が生じているという現実が，子どもの権利擁護の重要性を自覚させることとなった。

（1）職員からの体罰（施設内虐待）

職員からの体罰問題は，これまで体罰事件あるいは施設内虐待として新聞等でも報道されてきた。そのきっかけのひとつは，1995（平成7）年に発覚した福岡市の児童養護施設における体罰事件の報道であった。その後，1996（平成8）年4月に発覚した千葉県の恩寵園事件は，児童養護施設における権利侵害の問題や職員の懲戒権濫用の問題を大きくクローズアップすることになった。恩寵園事件とは，施設長による体罰が繰り返されていた状況があり，それに耐えかねた子どもたちが脱走し，児童相談所に訴えたにもかかわらず対応がなされず，その状況が長く放置されたというものである（表11-2）。

恩寵園事件以降も，児童養護施設における施設内虐待事件の報道は続き，問題の根深さがうかがえた。野津牧は，1993（平成5）年1月から2007（平成19）年9月までに，児童養護施設78施設，児童自立支援施設6施設，計84施設において人権侵害等不適切な対応が行われてきたこと，またこの数字は，2007年4月現在の児童養護施設総数558施設中の14.0%，児童自立支援施設58施設（国

表11-2　恩寵園事件をめぐる動き

年月	出来事
1995年８月	市川児童相談所に虐待を告発する匿名の電話
９月	千葉県児童相談所長協議会が入所している子どもや保育士を面接し，体罰を確認
1996年４月	園児13人が脱走，児童相談所に駆け込む
５月	園児が千葉県知事に「園長を辞めさせて」と手紙
９月	子どもたちが県に実情を訴えに行く
1997年７月	市民団体が「虐待していた園長に支出した人件費は違法」として，県に対して措置費返還を求める住民監査請求（９月に棄却）
10月	市民団体が県に対して措置費の返還を求める住民訴訟を千葉地裁に提訴
1999年９月	虐待を告発するテレビ報道をきっかけに厚生省が千葉県に調査を指導
11月	県が再調査を開始
12月	市民団体が「現在も児童虐待がある」と暴行・傷害容疑で園長らを千葉県警に告発
2000年１月	県の措置費支出をめぐる住民訴訟判決で地裁は訴えを退けつつ，虐待の事実を認定。園長解職などの勧告を出さなかった県の違法性を指摘
２月	県警が傷害の疑いで園長らから事情聴取
	県が園に対して園長の解職を含む施設運営の抜本的改善を求める勧告
	園が４月からの休園と園長らの辞職を県に報告
３月	厚生省が「休園は在園生への影響が大きい」として県に休園を認めないよう指導
	県警が元園長の次男（指導員）を強制わいせつ容疑で逮捕（４月には別の少女への強制わいせつ容疑で再逮捕）
	卒園生11人が「虐待で精神的後遺症に苦しんでいる」などとして元園長や県などを相手取り損害賠償請求訴訟を地裁に起こす
	園が改善計画書を県に提出。県は受理せず　　（肩書は当時）

出典：朝日新聞　2000（平成12）年４月13日朝刊（抜粋）

立２施設含む）中の10.3％に相当するものであり看過できない状況であることを指摘している[1)]。

西澤哲は，こうした施設内虐待の類型を①経済的搾取，②人権感覚の麻痺と支配的管理，③歪んだ養育観，④問題行動の抑圧の手段としての暴力，⑤施設内ネグレクトの五つに類型化し，その背景を福祉原理の問題，制度的要因，施設の「養育観」の問題，子どもの「問題行動」をとらえる視点の欠落が背景にあるという[2)]。

施設内虐待が起こる背景には，こうした複合的な要因の重なりがある。そのなかには，現在の児童養護施設の慢性的な人手不足やさらにその背景にある児童福祉施設設備運営基準の低さなど，施設独自では解決困難な問題が含まれる。

こうした状況に対して，1998（平成10）年に厚生省は児童福祉施設最低基準を改正し，施設長の「懲戒に係る権限の濫用禁止」という規定を定めた（現在の児童福祉施設設備運営基準では，第９条の３）。それまで，学校教育に関しては学校教育法第11条において教職員の体罰禁止が規定されていたのに対し，児童福祉分野の法規には明確な規定はなかった。この改正により，児童福祉領域においても子どもへの体罰禁止が法令上で規定されることとなった。

さらに，2009（平成21）年４月より児童福祉法が改正され，児童福祉法第２章第６節として被措置児童等虐待の防止に関する条文が盛り込まれた。そこでは，施設内における虐待を発見した者の通告義務，通告があった場合の都道府県や都道府県児童福祉審議会等が講ずべき措置等，施設内虐待の防止のための規定が設けられた。

2010（平成22）年度以降保育士養成課程においても，「社会的養護」の教授内容に「被措置児童等の虐待防止」が盛り込まれるようになった。

（２）子ども同士の権利侵害

子ども同士のいじめや暴力の問題も無視できない。

施設での生活においては，年齢の高い子どもが年齢の低い子どもを従えるといった構造が起きやすい。施設での生活によって構成された『子どもが語る施設の暮らし』（明石書店，1999）および『子どもが語る施設の暮らし２』（明石書店，2003），施設で育った経験のある12名の生活史を聞き取った『児童養護施設と社会的排除』（解放出版社，2011）「My Voice, My Life 社会的養護の当事者の語り」（「月刊福祉」2015年３月より連載）など，施設で育った経験のある当事者の声はどのような状況で暴力が起こるかを克明に伝えている。

こうした従来からの問題に加え，近年は虐待を受けて入所してきた子どもたちが増加している一方，依然として，暴力による辛い体験をしてきたはずの子ども同士の加害・被害問題もある。東京都社会福祉協議会児童部会は，子ども間暴力，子どもの対職員暴力の実態を解明し，１週間に子ども間の身体的暴力が起きた施設は，回答施設の50％にあたる24施設であることや，暴力をふるった子どものうち68.7％が週１回以上暴力をふるったことを報告している[3)]。身体的暴力をふるった子どもの男女比は，無回答を除くと男子対女子は２対１であり，年齢分布では，幼児から中学生まで同じように存在していた。これらは東京都の施設における身体的暴力の実態を示すものであるが，いじめや性暴力を含め，施設で生活する子どもが加害者にも被害者にもなりやすい状況にいることがわかる。

3．子どもの権利擁護をめぐる現状

子どもにとって，子どもの権利擁護は具体的にどのようないとなみとして実践されているのであろうか。以下では，子どもが経験するケアの時間軸に沿って述べる。

（1）代替養育（施設・里親家庭）に到る

代替養育で育つことの決定は，子どもにとってそれまでの生活環境から離れるだけではなく，人間関係の別離など喪失をもたらすものである。引っ越し経験をしたことのある人は，住み慣れた場所を離れ，新しい土地へ馴染んでいく過程で多くのエネルギーを要したことを思い浮かべてほしい。代替養育で育つ子どもの別離は，場所だけではない。人間関係も含めて，人生を丸ごと引っ越すような経験なのだ。

代替養育で生活することになる子どもは，子どもの事情や自治体によっても異なるが，児童相談所において代替養育で生活することの決定を伝えられ，児童福祉司に連れられ，これから生活する場所へと出発する。その場所を決める手続きでは，原則的には子どもの意見を聴くことになっているが，現実には難しい面が多い。これからの生活の様子やそこで何が保障されるのかの情報を事前に知ること，そして自分の気持ちを聴いてもらうことは，子どもの不安軽減

図11-1　大阪府の『子どものの権利ノート』

のためだけではない。子ども自身がその後の生活を納得して過ごしていくうえで重要であり，社会的養護における子どもの権利擁護の出発点である。これまでは，児童相談所の判断と子どもや保護者の意見が異なるケースに関しては，児童福祉審議会に判断をあおぐことになっていた。現在は，子どもの声をより丁寧に聴き，それを反映できるようなしくみへと改革が進められている。

多くの自治体で『子どもの権利ノート』（以下，『権利ノート』）という冊子が，施設に入所したり，里親委託される前後に子どもに渡される。『権利ノート』は，児童養護施設等に入所する子ども，あるいはすでに入所している子どもに対して，施設生活についての情報と，施設生活において保障されるべき権利が書かれた小冊子である。近年では，施設に入所する子どものみならず，里親委託される子どもへの『権利ノート』等，複数の種類が作成されている。『権利ノート』は，子どもに自分たちの権利を伝えること，そして，権利侵害が起きたときにどうすればよいかという対処方法を伝えるという二つの役割をはたす。

『権利ノート』は，1995（平成７）年に大阪府が作成して以降全国に展開し，現在ではほとんどの自治体で作成されている[4)]。子どもへの権利の伝え方は自治体によって異なり，大阪を中心とするQ&A型，東京を中心とする提言型に大きく分かれる。Q&A型は，日常生活で子どもが遭遇する場面から質問を設定し，回答するスタイルである。提言型は，児童養護施設等で保障される子どもの権利について「あなたには，○○の権利があります」と明言して伝えるスタイルである。子どもが不安を感じている事項や心配に思う事項を中心に構成されている。

『権利ノート』の配付は，子どもにとって，自身のケアに関する説明を受ける権利を保障されるという意味をもつ。加えて，生活において何が権利侵害にあたるか，そして権利侵害を受けたときどうしたらよいかを知るための手段でもある。

（2）代替養育（施設・里親家庭）で育つ

1）意見表明権の保障　―自治会，高校生交流会―

子どもたちが生活のなかで感じていることを共有し合える関係や，子どもだけでは解決できないことを職員に伝えることができる環境は，子どもの意見表明権を保障するうえで基本的な条件となる。

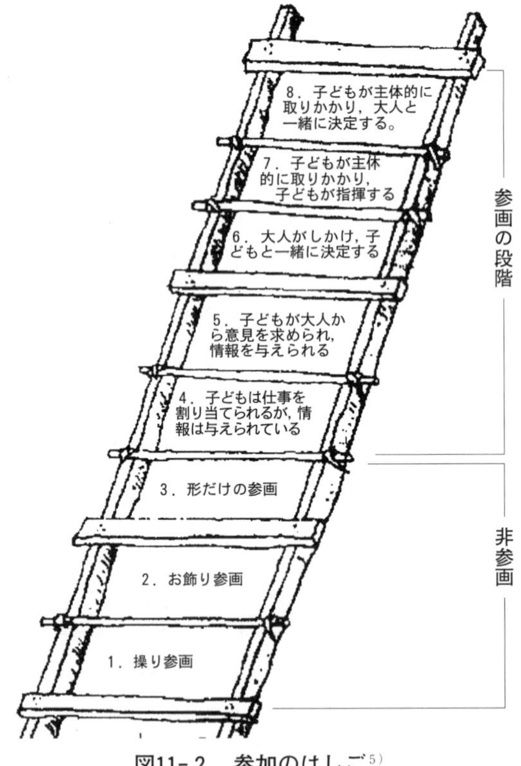

図11-2　参加のはしご[5)]

子どもの意見表明を考えるうえでひとつの指針ともいえるロジャー・ハートの「参加のはしご」[5)]では，子どもの参加は，大人との共同のいとなみであることが提起されている（図11-2）。「参加のはしご」は，施設における子どもの話し合いと職員の意見を，どのように調整していくかを考えるうえで参考となる。子どもの参加を保障するということは，子どもたちの話し合いを一方的に受け入れることでもなく，たとえ子どものためを思ってのことであっても職員の思いを一方的に押し付けることでもない。子どもと大人が，物事の決定過程をどう共有するかが重要なのである。

かつて児童養護施設で育つ子どもの声を聴く試みに，全国児童養護施設高校生交流会の活動があった。1988（昭和63）年に鳥取県で第１回目の高校生交流会が行われて以降，全国の活動は第10回まで続けられた。高校生交流会は，「児童養護施設で生活する高校生同士が自らの生活について語り合い，自己発見を通して，施設生活をとらえなおし，自己実現を図るための一助をめざす会」であり，「参加施設職員にとっても，高校生の気持ちに触れる貴重な研修となっている」[6)]として高く評価されていた。それは，単に子どもが語り合う場を保障するのではない。子ども自身が交流することによって肯定的なアイデンティティの形成を行うことや，職員がそれを聴くことで自らの実践を振り返ること，子どもが主体となって施設を変革させていく試みでもあった。しかし，第７回高校生交流会福岡大会後に，参加した高校生が体罰を告発し，新聞社によって報道されるという事件を契機に，何らかの圧力によって高校生交流会は質的に単なる交流の場，遊びの場へと変容させられてしまう[7)]。子どもの声（意見）は，大人にとって好ましいものばかりであるとは限らない。子どもの声を聴くことは，大人の姿勢や有り様そのものを問い直し，変革を迫られることでもある。高校生交流会の頓挫は，子どもの声を聴くことを実質的に保障していくことの難しさを伝える。大人が子どもの声を受け入れられない場合，大人は，容易にその声を聴くことを放棄し，かつ声を出せないしくみをつくることができるからである。

一方で，体罰が子どもへの指導として用いられ，子ども間にも暴力が蔓延していた状態から，多くの試行錯誤を経て，体罰を用いず話し合いを中心においた実践を築きあげてきた児童養護施設もある[8)]。その実践におけるキーワードは，「問題解決の方法として暴力を使わない」「話し合いを大事にする」というものである。それは，単にコミュニケーションという方法論に頼ったものではない。そこには，「人間性の豊かさや感性，社会性が最も基礎になるもの」として位置づき，「民主主義や子どもの主体的な権利の擁護，暴力の否定という根幹的な価値・思想が中心的基盤」，「生活の大切さ，話し合いの重要さという考え方が基盤」として存在する。さらに，ソーシャルワークの考え方や方法がその上にあり，コミュニケーションのスキル，子どもへの援助のスキルを支える。子どもの意見表明の保障には，常に大人という職員集団，それをつくりだす施設という組織の運営が影響している。

2）職員のケア基準と倫理

1）で述べたことを実践するためには，子どもに直接かかわる職員の子どもの権利およびケアに対する認識を一致させ，高めていこうとする取り組みが欠かせない。

1994（平成６）年には北海道養護施設協議会による「北海道養護施設ケア基準」が作られた。これは，「施設職員が入所児童になすケアに関し遵守すべき事項を定めたもの」とされた。また，2001（平成13）年４月には，滋賀県児童養護施設協議会によって「施設で生活する子どもの権利擁護指針」が作られた。

『権利ノート』作成にともなって，これらの援助指針等が作られた自治体もある。大阪府では，『権利ノート』を作成するというプロセス自体が職員の意識を向上させた。その結果，『権利ノート』の内容を実践するための指針として『児童施設援助指針』も作成されている。

2010（平成22）年５月には，全国養護施設協議会によって倫理綱領が発表された。児童養護施設職員が，何に価値を置いて社会的養護の実践を行っていくかを言語化したものである（第３章６参照）。

3）相談機関・権利擁護機関

子どもが施設で権利侵害にあった場合，相談先としてどのような機関があるだろうか。2000（平成12）年5月の社会福祉法改正により，社会福祉事業経営者に「苦情解決」の努力義務が課せられ，児童福祉施設最低基準（現・児童福祉施設設備運営基準）によりすべての児童福祉施設に苦情解決のしくみの導入・実施が義務化された。これにより各施設においては，苦情受付担当者，苦情解決責任者，第三者委員が設置されることになった。また，それらの機関が適切な役割を果たしているかどうかを各自治体の福祉サービス運営適正化委員会が調整している。また，2009（平成21）年4月には児童福祉法改正にともなって，施設の子どもたち自身による権利侵害の相談および通告が可能となった。大阪府においては，『権利ノート』と同時にそうした相談をする連絡先を記したリーフレット「大切なあなたへ」を配布している。

一般の子どもの権利擁護機関に自治体が設置している第三者機関がある。その皮切りは1999（平成11）年4月に開設された兵庫県川西市の「子どもの人権オンブズパーソン」である。また，1998（平成10）年10月には神奈川県の「かながわ子ども人権相談事業」，1998年11月には東京の「子どもの権利擁護委員会」の活動が開始された。神奈川および東京の活動では，これらの機関への通報によって施設内虐待事件が発覚したケースもあった。その際，これらの機関が事件への調査を担い，問題解決に向けての手立てをつくっている。2001（平成13）年6月には川崎市の人権オンブズパーソン，2002（平成14）年11月には埼玉県子どもの権利擁護委員会，2004（平成16）年2月には多治見市子どもの権利委員会などの取り組みも始められた。

4．子どもの権利擁護の展望

子どもの権利条約を批准した国は，条約の実現状況について，定期的に国連に報告する義務がある。国連は，その報告書とNGO等の報告書をもとに勧告を含む総括所見を示すしくみになっている。

2010年6月に示された国連子どもの権利委員会による日本政府に対する総括所見43では，意見表明にかかわって，児童相談所を含む児童福祉サービスが子どもの意見をほとんど重視していないこと，権利を有する人間として子どもを尊重しない伝統的見解のために子どもの意見の重みが深刻に制限されていること，また，総括所見52では，施設養護において子どもの虐待が広く行われていることにも懸念を示している。そして，総括所見23では，子どもの支援に携わる専門職への研修の不十分さを指摘している。国際的な子どもの人権の観点からも，日本の現状は決して楽観視できるものではない。

まず，社会的養護で育つことになる子どもの困難さを自覚した上で，子どもたちの視点に立った制度の構築と支援が不可欠であろう。社会的養護で育つ子どもは,生育歴の中でも自分が大切にされたという経験が乏しい子どもが多く,自己肯定感が低い傾向にある。それは，たとえ不適切なサービスを受けていても，そもそも不適切だということを感じにくくさせ，不当であると意思表明することを難しくさせる。子ども自身が権利擁護システムを活用する主人公になるためには，子ども自身に課せられてしまったこの傾向から解放され，子ども自身がその意思表明をよりしやすい環境を築いていく工夫が求められる。

そのためには，まず，子ども自身に何が暴力であるかをわかりやすく伝えることが重要であろう。前述した『権利ノート』においては，子どもの暴力は「いじめ」や「いやなこと」といった抽象的な表現であったが,『権利ノート』の改訂を機に表現を改善した自治体もある[9)]。例えば，福島県の『権利ノート』の暴力について伝えるページでは，改訂後の2012年度版においては，いじめや身体的暴力だけでなく,心理的虐待や性的虐待があることも知らせ,プライベートゾーンについても伝えている。こうした『権利ノート』の活用と合わせ，子どもに暴力を伝えるさまざまな絵本等を活用しながら，子どもの理解を助けることができるのではないだろうか[10)]。子どもにとってわかりやすい権利教育も重要である。参考となるのは，森田ゆりによって紹介された子どもの暴力防止のためのCAP（Child Assault Prevention）[11)]プログラムである。近年，児童養護施設においても取り入れられるようになってきた。

次に，子どもの意思表明や行動の負担を下げることが求められる。『権利ノート』においても，改訂を機に24時間連絡ができたり，フリーダイヤル等無料でアクセスできる相談機関が記載されたり，無料で送付できるハガキを添付する自治体が増えてきた[12)]。新しい社会的養育ビジョンで創設が目指される子どものアドボケイト，代弁者の存在も重要である。子どもの傍に寄り添い，子どもの声をともに発信していく大人の存在を制度的に保障していく試みは全国各地で始められている。

ここまで述べたように，子どもの権利擁護をめぐる日本の社会的養護の現状は，その理念の発展と照らし合わせると決して十分なものとはいえない。しかし，権利条約批准以降，子どもの権利を実質的に保障していく良い変化は少しずつ生まれている。今後も，社会的養護で育つ子どもたちの意思表明を支え，本人たちが主役となるような子どもの権利擁護のあり方をめざすことが求められる。

（長瀬正子）

■引用文献

1）野津牧「児童福祉施設で生活する子どもたちの人権を守るために」，子どもと福祉第２号，pp. 49–54，明石書店，2009
2）西澤哲「社会的養護における不適切な養育―いわゆる『施設内虐待』の全体像の把握の試み」，子ども虐待とネグレクト第11巻第２号，金剛出版，2009
3）黒田邦夫「児童養護施設で何が起きているのか―被虐待児の増加と求められる職員増」浅井春夫・金澤誠一編著『福祉・保育現場の貧困―人間の安全保障を求めて』明石書店，2009
4）2004年９月の時点で，47都道府県13政令都市のうち38都府県11都市で作成された。長瀬正子「児童養護施設における子どもの権利擁護に関する一考察―『子どもの権利ノート』の全国的実態とテキスト分析を中心に」，社会福祉学46巻２号，p. 43，2005，その後未作成だった５自治体の作成も確認されている。詳細は，長瀬，後掲９）。
5）ロジャー・ハート『子どもの参画』萌文社，p. 42，2000
6）『子どもが語る施設の暮らし』編集委員会編『子どもが語る施設の暮らし２』pp. 230–231，明石書店，2003
7）この間の経緯は，内田龍史「児童養護施設生活者／経験者の当事者活動への期待と現実」西田芳正・妻木真吾・長瀬正子・内田龍史『児童養護施設と社会的排除』解放出版社，2011に詳しい。

8）このような実践報告はそれほど多くないが，石塚かおる「どうして子どもと話し合わないのですか」全国養護問題研究会編，日本の児童福祉第15号，2000や，黒田邦夫「筑波愛児園における施設新生の取り組み〈その2〉―子どもも大人も明るくのびのびとできる施設を目指して」，季刊児童養護第34巻第4号，2004など参照。また，話し合いを大切にするつばさ園の実施については，大江ひろみ・山辺朗子・石塚かおる『子どものニーズをみつめる児童養護施設のあゆみ』ミネルヴァ書房，2013に詳しい。

9）改訂の詳しい状況については，長瀬正子「全国の児童養護施設における『子どもの権利ノート』の現在―改訂および改定の動向に焦点をあてて―」，佛教大学社会福祉学部『社会福祉学部論集』第12号，pp. 73-92，2016

10）安藤由紀『いいタッチ　わるいタッチ』岩崎書店，2001・安藤由紀『あなたはちっとも悪くない』岩崎書店，2001，ジェシー・飛鳥井望・亀岡智美・一杉由美『ねえ，はなしてみて』誠信書房，2015など

11）CAP センター・JAPAN『CAP への招待―すべての子どもに「安心・自信・自由」の権利を』解放出版社，2004

12）詳細は，長瀬，前掲9）

第12章 当事者から見た日本の社会的養護

1．施設で暮らす子どもの想い

（1）児童養護における当事者とは

児童養護施設で生活した人々を社会一般は「施設出身者」と呼ぶ。「施設出身者」という言葉には，その人の「出自・門地」を問うという社会的スティグマ（烙印）の語感・ニュアンスが抜き難く内包されている。すなわち，一般的にある人の「出身県」や「出身学校」を尋ねるのとは異なり，いわゆる「氏・素性」が問われるという社会的差別や偏見の問題が潜在化しているのである。これは，児童養護施設というものが社会一般から正しく知られてこなかったことなどによる誤解と偏見であり，そこで暮らす子どもが“社会的差別”を受けてきた経緯と深くかかわる問題である[1]。

児童養護における当事者とは，差し当たりここでは，「児童養護施設で暮らしている子ども」や「施設出身者」のことと限定しておく。広い意味での「児童養護における当事者」には，社会的養護のなかの家庭養護＝里親委託された子どもやその経験者が含まれなければならない。また，そうした子どもたちの養護に携わる援助者としての里親や，施設職員・運営管理者・施設長の子ども，あるいはその家族を含むことも考えられる。しかし，ここでは，とりわけ施設養護のなかで，はからずも暮らさざるを得なかった子どもやその経験者のことを「当事者」と呼ぶことにする。

筆者は，２歳から18歳（高校卒業時）までの16年間を児童養護施設で暮らした「施設出身者」である（施設入所理由＝主訴：「父不詳・母病気入院」，その後母は精神病院で病死した)。

そこでは，大勢の他人同士が集団生活をし，様々な喜怒哀楽を体験した。そこは限りない郷愁を呼び起こし，なつかしく楽しかった想い出とともに，反面，大擬似家族主義施設運営がもたらす前近代的で閉鎖的な一面や，施設内の子ども同士の厳しい上下関係や理不尽ないじめ，暴力などが厳然として存在していた。筆者は，このような子ども間の「弱肉強食」関係や「子ども独自の闇の世界」の存在は，当事者から日本の社会的養護をみる上での不可避的な要素であると考えている。もちろん，多くの当事者は，こうした施設生活特有の様々な理不尽や不条理ともいえる体験に耐えながらも，こころある職員・援助者との出会いなどによってこれを乗り越え，社会生活への旅立ちをしていくのであり，筆者もそのひとりである[2)]。

かつて「施設出身者」同士数人が集まり，「施設出身者」という言葉の語感について話し合ったことがあった。「施設で暮らしていることを友人・知人に知られたくない」という子どもたちの声は，施設職員のよく知るところでもある。自分たちのことをどう呼んだらいいのか，あるいはどう呼んではしいのかという問題は，1988（昭和63）年からほぼ10年間続いた「全国児童養護施設高校生交流会」[*1]での中心的な討議テーマのひとつでもあった。

出身者同士の話し合いの結果「施設出身者」に代わるべき適切な言葉は見出せなかった。しかし，施設生活経験者＝「当事者」という言葉が，妥協の産物として確認された。現在も，その適切な言葉や表現を模索中である。

＊1　全国児童養護施設高校生交流会：1988（昭和63）年夏の第1回鳥取大会から1998（平成10）年の宮城大会までのほぼ10年間，児童養護施設で生活する高校生が集い，自己実現の一助とすることを目的として，施設生活や将来の社会生活などについて語り合うことに取り組んだ活動である。第1回鳥取大会から繰り返し「施設にいることを隠したい」，「話せない」，「社会は施設を正しく理解して欲しい！」というテーマが討議されている。

詳細は，養育研究所・鳥取養育研究会編集：第1回鳥取大会報告書，鳥取県児童家庭課，1988　市川太郎：「第1回養護施設の高校生交流会　鳥取大会リポート」，全国養護施設協議会『季刊児童養護』第19巻第3号，pp. 45-48，1989，その他，資料として『全国養護施設高校生交流会各大会報告書』等参照。

（2）社会的養護としての施設

子どもは，本来,「適切な愛情溢れる両親や家族の下」で健やかに育てられ，また，そのような家庭生活が保障されるべきである。しかし，戦争，紛争，地震・津波などの自然災害，親の病気，入院，死亡・失業，事故，貧困，拘留，離婚など社会・自然変動や様々な理由によって「家庭生活」が崩壊し，はからずも「家族分離」せざるを得ない事態に遭遇することがある。今日社会問題化している児童虐待問題は，その最も深刻で危機的状況のひとつである。社会的養護は,まさに,こうした子育て・子育ちのリスクに対する社会的「セーフティー・ネット」(安全保障装置）システムといえる。

1951（昭和26）年５月５日制定の「児童憲章」は,「児童は人として尊ばれる。児童は社会の一員として重んぜられる。児童はよい環境のなかで育てられる」の前文に続き，第２条で,「すべての児童は，家庭で，正しい愛情と知識と技術をもって育てられ，家庭に恵まれない児童には，これにかわる環境が与えられる」として，社会的養護の必要性を謳っている。また，1994（平成６）年５月に日本政府が批准し発効した子どもの権利条約の第９条でも，虐待などの「特定の事由」を除いて,「親からの分離禁止」を規定している。いうまでもなく，日本の社会的養護は児童福祉法により制度化されており,「セーフティー・ネット」は国の責任として整備されなければならないものとなっている。

社会的養護には，里親などの代替家庭による養護を展開する家庭養護と，乳児院・児童養護施設・児童自立支援施設などの児童福祉施設で展開される施設養護の２本の柱がある。近年ではグループホームや地域小規模児童養護施設など，家庭養護と施設養護の中間的形態の施設が創設されている。しかし，欧米が里親養護中心であるのに対し，日本は圧倒的に施設養護中心の児童養護が展開されている。今日，社会的養護のあり方の方向性としては「施設養護から家庭養護へ」と施策の方針転換が打ち出されているが,「里親制度が知られていない」,「子どもの実親が里親委託を望まない」など，課題も多い。

（3）作家・施設職員が捉えた子どもの想い

♪　緑の丘の　赤い屋根
　とんがり帽子の　時計台
鐘(かね)が鳴(な)ります　キンコンカン
　メエメエ子山羊(こやぎ)も　ないてます
風がそよそよ　丘の上
　黄色いお窓は　おいらの家よ　♪

児童養護施設はこれまで様々な形で世に紹介されてきた。戦後まもない1947（昭和22）年，NHK ラジオ放送劇『鐘の鳴る丘』の主題歌「とんがり帽子」は，戦災孤児物語の唄として一世を風靡(ふうび)した。舞台は，群馬県にある児童養護施設「鐘の鳴る丘少年の家」の前身である。上野や銀座で靴磨きをしていた浮浪児の境遇から，「少年の家」で育ち，渡米して教育者となった伊藤幸雄と，浮浪児収容施設職員だったが，この唄に奮起し，後に「少年の家」を創設した品川博園長との出会いの物語がある。また，作詞者の菊田一夫自身も孤児であった[3)]。

戦災孤児体験をもつ作家・西村滋が児童文芸作品として執筆した『お菓子放浪記』（理論社，1976）は，戦中から敗戦直後にかけての孤児院を巡る少年たちと職員や人との出会いと交流，「お菓子と娘」の唄，人を慰め励ます「お菓子」の本来の意味などを通じ，逆境のなかにあってもしなやかに生き抜く少年の成長と哀歓を感動の筆致で描いた戦災孤児成長物語である。この作品は，1976（昭和51）年秋，木下恵介監督の「人間の歌シリーズ」として TBS テレビがドラマ化し，全国放映されて話題になった。筆者も施設生活では「高嶺(たかね)の華(はな)のお菓子」への憧れや菓子パンにまつわる貴重な体験に強い共感の想いが重なり，施設生活経験者にとってもなつかしく郷愁を誘う作品である。

劇作家で直木賞作家でもある井上ひさしには，幼時に父と死別し，少年時代に貧困から一家離散し，仙台の児童養護施設での生活体験がある。『41番の少年』，『汚点（しみ）』，『あくる朝の蝉(せみ)』などの初期短編作品は1950年代の施設が題材になっている。特に，『41番の少年』（文春文庫，1974）の主人公・橋本利雄と児童誘拐死事件を犯し実刑後死刑に処せられた松尾昌吉との厳しい上下関係については，「施設くらし」の経験者ならば，小説としての誇張と多少のフィクションがあったとしても共感できる内容である。

（4）作文・証言から見た当事者の想い

子ども（当事者）が直接書いた作文集に，全社協養護施設協議会編『泣くものか―子どもの人権10年の証言』（亜紀書房，1977）がある。この作文集は，1968（昭和43）年12月10日に東京で開催された「子どもの人権を守る集会」の大会資料(子ども自身のナマの声による証言集として作成されたパンフレット)を土台として，その後1977（昭和52）年の児童福祉法制定30周年記念までの10年間におよぶ作文約5,000篇のなかから211篇を選んで編集したものである。

また，その続編として，同編『続　泣くものか―子どもたちからの人権の訴え』（亜紀書房，1990）がある。1970年代後半から1980年代にかけての10年間の施設卒園生を含む500篇の作文が編集・収録されている。「国連子どもの権利条約」採択記念出版でもある。なお，作家井上ひさしが両書の推薦人になっている。

ところで，施設入所児童には「四つの苦痛」がある。すなわち，①施設入所前の家庭崩壊などによる苦痛，②施設入所時の家族分離不安による苦痛，③施設生活上の苦痛（いじめ・暴力・体罰など），④施設退所後の社会生活適応過程での苦痛である。ここでは，この「四つの苦痛」に関して，上記の二つの作文集につづられた当事者の想いをみてみよう。膨大な作文集のなかのほんの一部の作文に絞らざるをえないが，是非とも「本文」を熟読し，その行間からにじむ「施設で暮らす子どもの想い」に心を寄せて欲しい。

①　施設入所前の苦痛（『泣くものか』p. 1）

かあちゃん

小１　　佐藤　明代

かあちゃんは，やさしかった。かあちゃんは，アイスやおかしを，
かってくれた。
さとおやのかあちゃんも，やさしかった。
どっちのかあちゃんでもいい，かあちゃんといっしょにいたい。
いっしょにいたいんだよ，かあちゃん。
はやくむかえにきてよ。かあちゃん。

＊父は酒乱で，乱暴を働くため，離婚。その後，再婚。夫が子どもをきらい，２歳のとき養子にだす。その後離婚し，後，再々婚，里子先で金をせびったり，子に会いにくるため里親から養育できぬと帰されるが，男が子をきらい離婚するといったため入園を希望。（1968（昭和43）年　群馬県　K学園）

②　施設入所時の家族分離不安による苦痛（『続　泣くものか』p. 77）

私と施設

中３　　大木　まさこ

私がこの寮に入ってきたのは二歳の頃でした。もう両親と別れて14年くらいたちます。

どうしてこの寮に入ったのか，私は知りません。学校へ提出する書類をみると父と母は行方不明と記入されています。そして私の弟は他の施設に入っているみたいです。

私が中学へ入学した頃クラスメートの男の子によく両親の事や施設へ入った理由などをきかれたりしました。でも両親が行方不明なんていえないからその子たちに教えることはできませんでした。悲しく思いました。今は寮の生活にもなれ，あまり両親の事を考えてませんが会いたくなることは何度もあります。１日も早く両親と弟と一緒に暮らしたいです。

＊両親ともに家出。その後も連絡はない。（静岡県）

③　施設生活上の苦痛

作文集『泣くものか』と『続　泣くものか』には，「施設生活上の苦痛」＝子ども同士のいじめ，暴力，職員による体罰等に関するものがほとんど見られない。これは，『泣くものか』の編集意図が，子どもの人権を守る集会の資料提供であること，施設入所に至る社会的背景・課題を，「子どものナマの作文を通して」直接社会に訴え，これを，経済成長至上主義社会に対する告発の意図があったと同時に，編集者の子ども観が，「社会的弱者」，「被害者性」，「保護の対象者」に留まっていて，当事者が持つもう一つの側面である「加害者性」や，施設職員による「体罰等の人権侵害に関する視点」が欠落していた結果であろうと思われる。筆者は，作文集『泣くものか』，『続　泣くものか』は，内容が訴える衝撃的当事者性にもかかわらず，こうした一定の時代的歴史的限界を示していると考えている*2。

施設内の「いじめ」や「暴力」，「施設職員による体罰」などの「被害者」が，施設退所後，「加害者」として女子大生を絞殺し施設関係者に衝撃を与えた『荒廃（こうはい）のカルテ』事件（1983（昭和58）年４月）がある[4)]。筆者はこの事件の被告（犯行当時19歳）が施設内で受けた「いじめ」，「暴力」，「性的悪戯」などの被害体験と共通する「苦痛」を施設生活で体験したことがあり，とうてい他人事とは思えなかった。

近年，児童養護施設内で発覚した「施設内虐待」事件（児童養護施設における子どもの人権侵害事件）は，残念ながら後を絶たない。1992（平成４）年からおよそ10年間にわたる施設職員による体罰問題＝茨城・つくば愛児園事件および1995（平成７）年の福岡育児院事件，1996（平成８）年の千葉・恩寵園事件，1998～1999（平成10～11）年の神奈川・鎌倉保育園事件，2004（平成16）年の埼玉育児院事件などは，たまたまマスコミ報道などで表面化したものであ

＊2　ただし，筆者は作文集『泣くものか』，『続　泣くものか』は，「涙なくしては読み切れない」衝撃と強い共感的感動に圧倒され，その出版の社会的意義を認めたい。しかし，子どもに真に必要なことは「泣くものか！」と健気な忍耐を強いることではなく，「泣いてもいいんだよ！」としっかり受けとめてもらえた「体験」とそのような人との「出会い」こそが求められていると確信している。

り，この種の事件のほんの氷山の一角にすぎない。

児童福祉関係者は『泣くものか』などの対社会的人権擁護活動のみならず，「施設内人権侵害」事件などの「内なる負の遺産」というべき事例に対しても真摯に自らを省みて自戒する必要があるだろう。もちろん，こうした「不祥事」発生の背景には，日本の福祉予算不足や児童福祉施設設備運営基準の低さなどの制度・政策上の課題が山積していることも考慮されなければならない。

児童養護施設職員22年の現場経験をもとに，大学教員として児童養護問題に真摯に向き合う仕事を実践してきた長谷川眞人（日本福祉大学教授：当時）は，施設退所後34名の卒園生の20年間におよぶ追跡調査結果（聴き取り，訪問，電話など）を中心に，『児童養護施設の子どもたちはいま―過去・現在・未来を語る』（三学出版，2000）を刊行している。この本のなかにある次のような「施設生活」の記述は，筆者の「施設生活経験者＝当事者」としての実感と極めて近い内容である（pp. 38–39）。

六－5　施設生活で楽しかった事・つらかった思い出

施設生活での楽しかった思い出については，すでに施設退所後20年も経っていることから，印象は薄くなっている人もいたが，全体的には60％以上の人は楽しい思い出を語ってくれたということは，施設での生活はけっしてつらくて，悲しい面ばかりでないことを示しているといえる。特に思い出として残っていることのベスト三は，施設行事でクリスマス会，キャンプ，文化祭があげられていた。一方施設生活で辛かった思い出については，楽しかったよりは辛かった思い出の方が，今も鮮明に覚えている人が全体で75％もあった。これもベスト三をあげてみると，上級生からのいじめやたたかれたこと，施設生活の中での自由が少なく，時間に縛られていたことや行動の自由がなかったこと，親との別れ，施設を退所する事が悲しかったといった意見が聞かれた。

筆者の体験でも，楽しかった思い出はほとんどこの通りである。特に身体を使った集団遊び（相撲，馬とび，水雷艦長，天下とり，めちゃぶつけ）やコマまわし，ベーゴマ，メンコ，ビー玉などが得意であった。辛く哀しかったことのベスト3は，上級生・仲間からのいじめ・暴力，集団生活で自由が少なく，一人になれる空間と場所を求めて建物の屋根に上がって雲や星を眺めたこと，16年間，親や家族からの面会や通信が一度もなかったことなどである。

④　**施設退所後の社会適応過程での苦痛**（『続 泣くものか』pp. 286-289）

施設出身を，胸を張っていえるか

竹内　洋次

私が生きてきた五十年近い人生の中で，中学一年から高校修了までの養護施設A園で過ごした期間は，その時間的長さもさることながら，そこで得た生活体験が，その後の私の生き方，特に教員生活に入った私の人生に決定的ともいえる影響を与えていることをしみじみと感じている。六年近くに渉ったA園での生活は懐かしさと共に哀歓こもごもだった，と言える。

まず，何よりも感謝したいのは園長ご夫婦と保母さん方が献身的に養育して下さったことである。(･･･略)　六年間の学園生活では恐らく普通の家庭生活では経験できないキャンプ，登山，音楽指導，誕生会，年末のクリスマス会等を先生方が心をこめて経験させて下さったことも懐かしく浮かんでくる。

しかし，哀しみも多くあったことを告白せざるを得ない。その最大のものは親がいなかったことと，A園に在園していることにいつも後ろめたさというか，劣等感を意識していたことである。私の母は戦後の飢餓時代に私を産んで間もなく他界。残った父は結核とうつ病を併発，私は戦争未亡人だった叔母に引き取られたものの，父と叔母とのイザコザからA園にお世話になる。忘れられないのは，入園して一ヶ月頃，学校の友人宅に遊びにいった帰途，街灯がついた夕刻の路上で別の同級生の男の子が，彼のお母さんとじゃれつくようにとても楽しげにウインドウショッピングしている姿を見て，強烈な羨望感と寂寥感に襲われ，思わず涙ぐんだことだった。

そして帰園したとたんに保母さんから大声で「何でこんなに遅く帰ってきたの！何をしていたのよ！」と頭ごなしに怒鳴りつけられ，ペナルティとして便所掃除をさせられたことだった。考えてみれば保母さんが怒るのも当然なものの，親がいない，施設暮らしの哀しみを入園以来一番強烈に味わったこととして忘れることができないでいる。

もうひとつの哀しみである劣等感については，いまも日本の社会では施設生活経験者を奇異な，いや差別視する傾向が一般的である。これは同和問題と軌を一にする日本人の精神構造から由来するものなのだろうか。こうしたことについて私も生徒に該当児がいれば「堂々と胸を張れ!!」といってしまうかも知れない。**当事者の感情はそんな単純なものではない。現に私自身大学卒業時に一流上場企業の入社試験に落ちた際，あとで教授より施設経験が足枷になっていたことを知らされ痛憤した思い出がある。**教育公務員の道を選んだのも採用試験に**差別がない**と信じたからであった。結果的には教師になってよかったと思っている。しかし，職場の同僚達にはこのことは全く話していない。教員間ですら同和問題をはじめ**偏見が根強い**からだ。

もちろん妻は私の生活史を知っている。しかし，晩婚で未だ思春期を迎えていない子ども達には一切話していない。話すときがきてもそれは**非常な勇気**がいることだと思っている。

施設で暮らさなければならなくなった親の事情の深刻さ，親との不幸な別離（結局父は**自殺**した）そして施設生活の貧しさと特異さ（私が在園していた当時は食事すら貧しかった。そんな中で高校進学のために園長先生達が本当に苦労されていた。しかし，施設生活では規則は厳しかった），さらに施設に対する**社会の偏見**は，私の心に多かれ少なかれ重荷となっていた。もちろんその**重荷がバネ**になって今日があることも事実である。

しかし，親と別れて施設に入ることがその人間にとってどれほど苦悩が大きいことか。**短絡的に「胸を張れ」だけでは決して解決する程軽い課題ではない。**

ひところ前，私は別の養護施設を見学した。正直言って家庭的な安らぎの薄さを感ぜざるを得なかった。いろいろと事情があることもわからないではない。しかし，一人の子どもの運命が決まる施設生活であることを思うとき，**子ども達のニーズ**を充分に理解した施設であり続けて欲しいと願わずにはいられない。

（東京都）

＊**太字**は筆者による。

施設入所児童の「四つの苦痛」のうち第四の苦痛＝社会生活適応過程での苦痛は意外と知られていない。施設在籍中は，援助者や仲間が身近にいるが退所したら本当に一人になるのである。当事者から発しない限り，援助者には当事者の社会生活の実態が伝わりにくい。しかも，社会の現実は「福祉的配慮や理解」とは程遠い。当事者は，社会的孤立に陥りやすい生活環境に置かれる。作文集にもある通り，当事者が直面する社会生活の現実は「短絡的に『胸を張れ！』だけでは決して解決する程軽い課題ではない」のである。筆者も施設退所２年後（20歳）の夏休みに激しい孤立感に襲われ“自殺未遂事件”を引き起し，かろうじて施設職員の援助で緊急入院して救われた体験がある。この分野の実態把握と対策は，社会的養護とりわけ施設養護の喫緊（きっきん）の課題といえよう。

2．当事者参加の時代

（1）社会的養護における当事者参加の芽吹き

これまで，施設で暮らす子どもの想いを作家・施設職員および当事者の作文・証言からみてきた。これらの証言を通して訴えかけてくる「施設で暮らす子どもの想い」には，多くの貴重な問題提起が含まれている。しかし，それらは，まだ子ども自身の「主体的な発言」や「建設的な提言」にまでは至らず，受けとめる大人の側も，相変わらず子どもを「保護の対象」として捉えており，その「主体性」へのまなざしは未成熟である。

今日の社会的養護は，このような状況からまだまだ抜け出せてはいないが，一方で新たな芽吹きを見いだすこともできる。例えば，全国高校生交流会やその活動に影響を受けた各地区「高校生交流会」活動が積み重ねられ，子どもの権利条約とりわけその第12条（意見表明権）の実質化が模索されていることは注目に値する。そこには，「保護から自立支援」へ，児童福祉サービスの「利用者主体＝当事者参加」の時代が確実に到来してきている新たな兆しが感じられる。

また，1999（平成11）年５月，東京都社会福祉協議会児童部会にリービングケア委員会が設置され，「児童養護施設出身者」の参加を主眼にした研修が行われたことも，その兆しのひとつである。同委員会が開催したシンポジウムについては，2000（平成12）年２月21日の「福祉新聞」に次のように紹介された。

施設を出たら　解放感，孤独感ないまぜ—リービングケア（離れゆく人々への支援）

施設に入所中の高校生や退所後の卒園生を招き，施設生活経験者自身による司会進行で座談会形式のシンポジウムを開催した。ここでは施設出身者自身が自らの体験や施設生活を語り（スピークアウト），施設職員への「援助技術」「援助方法」のヒントを提供した。従来の施設処遇（インケア）中心の援助技術から施設退所後の支援（アフターケア）の重要さやその援助のポイントを新たに「自立支援」＝リービングケアワークとして当事者自身から学ぶことになった。

さらに，2002（平成14）年12月14日に開催された日本子どもの虐待防止研究会（JaSPCAN）第８回学術集会（東京大会）では，分科会に自立援助ホーム利用者２名と児童養護施設生活経験者の若者合計３名が出演参加した。筆者はこの分科会の司会を担当した。この分科会の内容は，「分科会報告」として機関誌『虐待とネグレクト』誌上に執筆，掲載されている[5)]。

（２）文献に見られる当事者参加の芽吹き

当事者参加の芽吹きは，特に21世紀に入ってから発行されたいくつかの文献のなかにも見られる。

そのひとつは，『子どもが語る施設の暮らし』（『子どもが語る施設の暮らし』編集委員会編，明石書店，1999）であり，続編が2003（平成15）年に刊行されている。いずれも，東京地区高校生交流会の活動を母体に，プロのライターが児童養護施設で暮らす高校生や卒園生などに直接インタビュー取材し，これを編集・出版したものである。作文集とは異なり，高校生たちは実に生き生きと自らの施設生活や暮らしの想いを語っている。ここに見られる子ども観には，「保護の対象」ではなく「権利の主体者」としての芽が育ちつつある勢いがある。

二つめに，読売光と愛の事業団編『夢　追いかけて—児童養護施設からはばたく子どもたち』（中央公論新社，2003）を挙げることができる。かつて，児童養護施設児童の全日制高校進学率が全国平均と比べて歴然とした格差を強いられていた時代があった[6]。児童養護施設関係者の地道な努力とこれに応えた施設児童によって，今日では高校進学率は91.9％（全国平均98.0％，2010（平成22）年5月）まで上昇したが，大学等進学率は13.0％（全国平均54.3％，2010（平成22）年5月）とまだ大きな開きがある。本書はこうした児童養護施設児童の高校生が「大学等」への進学の際の奨学金（授業料上限50万円補助）応募作文を編集したものである。

なお，筆者は，施設児童の高校・大学進学問題は「進学率」を誇示するのではなく，「中途退学率」あるいは「卒業率＝学業達成率」にこそ注目すべきであり，その「中退原因」の分析と「対策」が急務との問題意識を持っている。

三つめに，全社協児童養護施設協議会編集・発行の『季刊児童養護』第34巻第1号（2003年8月）から連載している，「子どもが語る『自分史』」シリーズが注目に値する。これは，同誌編集委員の村井美紀（東京国際大学）が，津崎哲雄（京都府立大学：当時）によって翻訳・紹介されたイギリスの『養護児童の声』（福村出版，1982）に刺激を受けて企画したものである。児童養護施設で暮らす子どもを「当事者参加の視点」で捉え，同編集委員のメンバーなどがインタビューを試み，その後コメントを加える形で誌上連載されている。

（3）当事者活動の芽生え―CVV

CVV（Children's Views & Voices）は，関西の児童養護施設で暮らしていた子ども・若者が中心となって発足させた自主的な当事者グループであり，「児童養護施設で生活している子どもたちや卒園した青年たちが集まって施設での生活や卒園した後の生活をよりよくしていく活動をしているグループ」（CVV発行パンフレット）である。2001（平成13）年6月，「子どもの立場に立って」，「施設にいる子どもたちの視点からものを見て」，「施設での生活をよりよいものにするために」，「発言をしていく」との趣旨で規約を定め活動を開始した。

発足の契機は，1999（平成11）年から始まったカナダのPARC（Pape

Adolescent Resource Centre）との交流事業である。PARC は，カナダ・オンタリオ州トロント市におけるインケアの子どもの自立を支援するためのセンターである。この交流事業は，1997（平成9）年に関西の児童福祉関係者が研修で PARC などを訪問したことをきっかけに準備が進められ，1999（平成11）年に最初の交流事業が実施された。その後も日本の児童養護施設の子どもたちと PARC を利用しているユースたちが互いに訪問をし合う活動が取り組まれた。CVV は，この交流事業から刺激を受けた日本の若者たちが，PARC のユースと同様の「当事者支援活動」をめざして発足させたのである。2004（平成16）年8月には，CVV が主体となり，独立行政法人福祉医療機関の「子育て支援基金」による助成も得て，大阪での交流事業を成功させた*3。

CVV は，日本での本格的な「児童養護における当事者支援団体」としての活動が期待される反面，その財源問題や組織運営上の課題がある。高校生交流会と異なるのは，当事者メンバーが，高校生よりも「大学進学者や卒業者」が中心的な活動を積み上げてきたことであろう。だがそれだけに「メンバーの定着と活動の継続性」，そして「当事者を支えるサポーターとの信頼関係形成」などの課題が重くのしかかっているように思える。

2005（平成17）年2月の交流事業では，筆者も，シンポジウム『当事者支援のあり方～実践的な視点からの模索～』にパネラーとして出演した。ここで CVV は，「施設で暮らす子どもの想い」をこの国の社会や制度の改善に反映さ

＊3　『CVV・PARC 交流事業報告書』(独立行政法人福祉医療機構<子育て支援基金>助成事業，2005)。なお，本報告書では，PARC について次のように説明されている(一部筆者が改編)。
PARC とは「カナダ・オンタリオ州トロントの里親等社会的養護の下で暮らしている子どもの自立支援機関」で，同市内にある2つの CAS（Children's Aid Society＝日本の児童相談所に相当）が，オンタリオ州政府から予算をもらい，共同で設置・運営している組織。「インケアを受けている子どもたちにさまざまなプログラムを提供し，彼らの自立を促していく」ことを目的に1986年からスタートした。PARC の主役はそこを利用するメンバーであり，曜日毎に多様なプログラムが用意されていて，16歳から30歳の若者たちが，自分の好みに合わせて自由に参加している。ニュースレターの作成，ビデオ撮影や編集のやり方の学習，生活スキルの修得など具体的なプログラムを通して，自立に必要なスキルアップを図っている。また，メンバーがテレビ・新聞・公共機関等で自分の生い立ちをありのままに語る「スピークアウト」は PARC の目玉となる活動であり，社会的反響を巻き起こした。インケアを受けた・受けている人の自立に果敢にチャレンジしている PARC の取り組みは，世界的に注目を集めており，世界各地からの視察が後を絶たない。

せたいという明確な視点を提起している。これはまさに「児童養護における当事者参加」の試みの一つといえる*4。

3．当事者から見た社会的養護の課題と展望

（1）当事者の視点

社会的養護が児童福祉における「福祉サービス」であることは明らかである。福祉サービスをめぐる関係は，サービス供給＝提供者側と，サービス利用者＝当事者側とに分かれる。福祉サービスの「質」を評価するのはサービス提供者側ではなくサービスの利用者＝当事者である。さらに，よりよいサービスのあり方をめざすには，提供者と当事者の双方がそれぞれの立場で信頼関係に基づいた適切な相互交流・相互評価を行うことが不可欠である。これは，商品経済における「企業と消費者」，行政サービスにおける「公務員と納税者＝国民」と近似した関係である。よりよい商品開発や適切な行政サービスを実施するには，消費者や国民の声を尊重する「参加」や「評価」が不可欠になる。これを実現するための「苦情解決のしくみ」や「第三者評価制度」は，今や社会全体に普及しつつある現代的な現象である。

福祉サービスも例外ではない。当事者の視点とは，福祉サービスの「利用者評価の視点」であり，「サービスの受け手からの評価」である。しかし，こうした原理・原則がありながら，現実の福祉サービスは相変わらずサービス提供

＊4　前掲『報告書』において，シンポジウム「子どもたちを大人たちがどう支えていけばよいのか」での山縣文治（大阪市立大学：当時）の発言が次のように記録されている（同書 p.36）。

「CVV と施設職員との関係ですが，CVV は誰に向かって発言しているのか，自分たちの考えをどこに向かって発言しているのか。施設職員に対して，ということであれば，しんどくなる。社会や制度に対して発言していくという仕組みにならないか，そういう仲間として考えられないか，と考えています」

また，津崎哲雄（京都府立大学：当時）は，高校生交流会の実践に触れながら，「高校生が行った意見表明・サービス評価を先に触れた社会保障審議会，社会的養護のあり方についての専門委員会に提示していただきたいと思います。国政レベルで CVV メンバーのような人が招かれるのは当たり前。この国でそのような状況が，CVV や高校生交流会などが代表となれるような実力をつける場所を支援し盛り上げ実質化していけたらと思います」と発言し，この国の児童福祉施策に「当事者参加」の必要性を提言している（同書 p.61）。

者側のパターナリズムに終始している。

子どもは特に，自らの権利を主張しにくい受動的権利者の特性があることから，あえて「当事者の視点」を重要視する必要がある。「当事者の視点」から，先にも挙げた施設入所児童「四つの苦痛」に即して社会的養護の課題を考えると，次のようなプロセスに整理できる。

① 施設入所（里親委託）前の苦痛：家庭崩壊・被虐待体験の把握と理解→インテークワーク（入所事前受理活動）とケースアセスメント（課題評価）

② 施設入所（里親委託）時の苦痛：親子・家族分離不安，愛着障がいの把握と理解→アドミッションケア（入所手続きにおけるインフォームドコンセントによる説明と同意およびインフォームドチョイスによる選択と納得）→児童自立支援計画票の策定と実施・総括

③ 施設入所（里親委託）中の苦痛：いじめ・威圧と暴力・弱肉強食・体罰の把握と理解→インケア（施設内生活・発達支援＝ケアワークの充実）

④ 施設退所前後の社会適応過程での苦痛：社会的孤立の把握と理解→リービングケアの実践＝失業・転職・住居確保・就労・進学支援，身元保証，アフターケアを含む

社会的養護を当事者の視点で検証すると，「入り口」（施設入所・里親委託）から「出口」（施設退所・里親解除後の社会適応過程）の全プロセスを見通し，その上で，それぞれの段階でその自立を阻んでいる要因とその対策・援助が求められる。このようにみると，社会的養護は，当事者の社会的「自立」に向けてのライフサイクルにそった「切れ目ない・持続的・適切な」支援が求められていることがわかる。このことは施設養護と家庭養護（里親）とに共通の課題といえよう。

さらに，その各段階の真のニーズは，結局のところ「当事者から学ぶ」ことなしには早期発見も適切な支援も成立し難い特性があることを知るべきである。

（2）当事者から見た「社会的養護のあり方に関する専門委員会報告書」

2003（平成15）年10月，厚生労働省は，社会保障審議会児童部会の「社会的養護のあり方に関する専門委員会報告書」（以下「あり方報告書」とする）を公にした。「あり方報告書」は，日本の社会的養護全般に対して広範囲にその現状と課題を審議した上での報告であり，社会的養護の将来像に大きな影響を与えるものであると思われる。それだけに，その責任は重大であることから，ここでは当事者の視点から見えてくる問題点を提起する。

まず第一に，「あり方報告書」が示す，これからの社会的養護のあり方に関するサービスの流れは，社会的養護サービスの提供者側からの一方通行であり，サービスの受け手である「当事者の視点」（双方向ベクトル）が不十分である。

当事者はいつまでも福祉サービスの受け手で留まってはいない。福祉サービスを評価しつつ「自立」を果たしながら，いずれ「サービスの提供者」へ転換する可能性があり，また，そのための「自立支援」が求められる。さらに，サービス提供者側となった当事者は，自らの体験をもとに，サービス内容の向上に貴重な貢献をする可能性がある。「あり方報告書」にはこうした「当事者参加」の視点がみられない。

第二に，「あり方報告書」は，社会的養護のもとで，「四つの苦痛」をはじめとする様々な困難を抱えながら生き，生活し，成長し，巣立っていく当事者のライフサイクルへの考察が不十分である。当事者は，そのそれぞれのライフサイクルごとに様々な喜怒哀楽を体験するのである。特に施設退所後のライフステージ（失業・転職・進学・結婚・出産・子育て・新しい家族形成など）には，様々な形で個別的援助ニーズが潜在している。これが不調となり，社会的に孤立した当事者のなかには，転落，犯罪，自殺などの危機を抱え，「養護問題の再生産」過程に陥（おちい）る者もある。「施設で暮らす子どもの想い」のなかには，こうした人生の危機への不安や恐れを内包しているケースがある。これは里親による養護の場合でも共通する課題である。

一方，当事者の多くは，育った施設に対して「ふるさと」としての愛着を感じており，社会的養護への「感謝の想い」を抱いている者もいる。しかし同時に，施設への入所やそこでの生活に対する「理不尽・不条理」の想いもあり，「矛盾した複雑な当事者心理」を抱えている。社会的養護のあり方を検証する際，こうした当事者心理をふまえながら，当事者が辿る人生上の喜怒哀楽の実感に基づいた識見が，もっと丁寧に参考にされるべきである。

第三に，「あり方報告書」は，施設養護のあり方について，ケア形態や施設の小規模化を推奨しているが，安易な小規模化は援助者を孤立させ，ストレス障がいを誘発するおそれが多分にある。小規模化による的確な「養護効果」を得るには，援助者にそれなりの力量が問われる。援助者は時には，逃げ場のない環境に追い詰められ孤立化しやすい。また，子どもとのミスマッチングなどによる「不調」も招きやすい。小規模化の典型といえる里親養護の不調事例やグループホーム担当者選定困難の問題も含め，こうした「小規模化リスク」を十分にふまえた上で，適切なスーパーバイズおよび援助者へのサポート＆レスパイト（休息）システム構築，専門職の養成・確保などの体制を同時に整備していく必要がある。

第四に，「あり方報告書」は施設養護から家庭養護（特に里親）へのシフトを推奨しているが，「理念先行」の感が否めない。金がかかりすぎる施設養護を見直し，「安上りな里親養護」への移行がその本質であるとすれば，早晩破綻を免れまい。家庭養護を真に実質あるものにするのであれば，現行の里親制度のさらなる改善を図る必要がある。具体的には，児童相談所や納税者からの信頼が得られるレベルまで里親の専門性・人間性を高め，その上で，十分な所得保障（その力量と実績に応じてせめて施設職員並みの待遇）を確保することは不可欠である。そのことによって，少なくとも里親希望者＝供給源を拡大する可能性や，その社会的ステイタスの向上を実現する可能性が大きく開かれるであろう。

（3）当事者から見た社会的養護の課題と展望

社会的養護の当事者は，そのほとんどが本人の責任とはかかわりなく，ある者は施設へ，ある者は里親のもとに「送られ」，そこでの暮らしを余儀なくされる。しかし，多くの当事者は，背負いきれないほどの過酷な運命に翻弄（ほんろう）されながらも，その人にとってのかけがえのない人や援助者（施設職員や里親・福祉関係者など）と出会い，その支えによって，喪（うしな）いかけた生きる意欲や人間や人生に対する信頼を回復し，たくましく，しなやかに生きていくことになる。そこに社会的養護の重要な意義が存在するといえる。しかし，社会的養護はそうした重要な意義がありながら，なお様々な課題がある。

当事者からみた社会的養護の課題と展望については，「あり方報告書」へのコメントと重なる部分があるが，およそ次の11項目に整理できよう。

① 現状の社会的養護はサービス提供者のパターナリズムにおおわれていて，「当事者参加」の視点が不十分である。

② 当事者のライフサイクル（入り口から出口・その後の自立まで）を見通し，それぞれの段階での当事者参加の援助システム・方法を確立すべきである。

③ 援助者が対応すべき福祉ニーズについては，当事者から学ぶ姿勢が大切である。

④ 当事者は社会的養護サービスの評価者でもある。

⑤「当事者組織」を育成し，これを「社会的養護サービス評価」のしくみに組み込むことにより，サービス提供者側が陥りやすいパターナリズムに歯止めをかけておく必要がある。

　ただし，「当事者の声」を聴くという従来の「行政モニター制度」や形式的な「苦情解決のしくみ」などによる「アリバイづくり」に利用されないような相互信頼のしくみでなければ無意味となるだろう。

⑥ 当事者組織・団体は，当事者の権利擁護のアドヴォカシー（代弁機能）をもつ必要がある。

⑦ 当事者は，当事者自身の自己決定力を高め「当事者主権」[*5]の確立をめざすべきである。

⑧ 当事者の成長と自立は援助者へのエンパワメントに結実する。

⑨ 当事者の自助グループ活動は，水平的な関係のなかで，お互いに心理的

な支援を行うピア・カウンセリング効果が期待できる。

⑩ ケア形態の小規模化や施設の小規模化は，「小規模化リスク」への備えを必要としている。

⑪ 施設養護から家庭養護（特に里親）へのシフトは，単なる財政上の理由であってはならず，真に求められる子どもの養育上のニーズを根拠とし，里親の十分な所得保障と社会的ステイタスの格上げが求められる。その場合の里親像は児童相談所や納税者（市民）・当事者からの信頼に応えられる人材育成が求められる。

4．施設職員をめざす学生への期待

前節までは社会的養護，とりわけ「児童養護施設で暮らす子どもの想い」を中心に，その現状と課題などを述べてきた。児童福祉施設職員の仕事のなかでも，児童養護施設職員の仕事は最も難しく困難があるといわれている。虐待，配偶者間暴力，家族分離，愛着障がい，発達障がい，非行，情緒障がい，捨て子，親の病，拘留，などなど，現代社会の家族問題のあらゆる課題が集中的に小さな子どもの肩にのしかかっている。とはいえ，その生存と発達を妨げる「障がい」は直接目には見えない。養護施設児童の「障がい」は，家庭環境や養育上の負因にあり，「心の傷」，「情緒的不安定」，「生きること＝存在への漠然とした不安」などであって，具体的ではない。

労働条件も厳しい職場環境である。まして対象の子どもの年齢幅は乳幼児か学童・中学生・高校生ら18歳まで，時にはこれを超える幅広さである。いずれの子どもの対応も単純ではなく，対応の難しい子どもが多い。しかも，生活＝暮らしを通して「生き方・価値観」を伝える課題がある。暮らしの価値観ともなれば，個人の生活力のみならず共に働く職員集団のチームワークも問われる。

＊5　中西正司・上野千鶴子『当事者主権』（岩波新書，p.3，2003）によれば，「当事者主権」とは，「なによりも人格の尊厳にもとづいている。主権とは自分の身体と精神に対する誰からも侵されない自己統治権，すなわち自己決定権をさす」と説明している。

相当な覚悟が求められることは確かである。困難な課題を挙げればきりがない。それでも児童養護施設は戦後70年の歴史を刻んできた。今後も「少子化」にありながら，その社会的ニーズは減少するとは思えない。

このように困難と課題の多い児童養護施設職員だが，反面これほど社会的意義のある仕事もめずらしいともいえる。

一度は何らかの事情があったとはいえ「家庭を失い」，「家族と離れ」，「捨てられた」と同然の子どもたちに，「たくましく」「しなやかに」「生きていく勇気と希望」を何度でも与え共有すること。「人間や人生が信頼に足るものだ！」「人との出会いによって人生の希望のかけはし」となることが可能であることを伝えられる仕事はめったにあるものではない。

筆者の理想は，施設生活の一面が辛かったこともあり，「児童養護施設を必要としない社会」を創ること！である。理想は高いが実践は厳しい。筆者は16年間の児童養護施設生活で出会った施設職員やその仲間とのささやかな「心の絆」があり，その後も，人との出会いや支えと励ましによって，絶望のどん底から立ち上がる勇気と希望を与えられた。しかし，施設職員となって出会った子どもの「死」に直面し（5人＝病死2名，自殺3名），自省と煩悶（はんもん）は今も続いている。それでも「生きる勇気と希望」を捨て難く思うのは，筆者を励まし，支えてくれている人々や家族の存在である。以下のモノローグは，筆者の当事者体験と施設職員経験をメッセージ化したもので，施設職員の仕事をめざす学生諸君に，このように生きてきた筆者の想いが伝わることを期待したい。

私にとっての養護施設の生活～愛とあい（哀）の交差～

…俺が施設生活者だった頃，「オレは，どこからきて，どこにいくのか？」と学園の屋根の上から空に向かってつぶやいた。学園の集団生活は，力の論理が支配する弱肉強食の世界だった。

大人には見えない施設生活の闇の中に一筋の光を求めた。

そして，施設職員になった時，荒れる子どもに「心の闇」を見た。哀しかった。

> 子どもと共に捨て身で生きて死んだ大人がいた。その人が闇を照らす光となった。施設職員の立場になって，その人と共に子どもの心の闇を照らした。
>
> 　　**『愛とあい（哀）が交差』した。・・・**
>
> 立ち直った奴もいたが，もがいて苦悩してついに死んだ奴もいた。
>
> 中年を過ぎた今でも，あの頃の施設生活の仲間が，職員がいる。人間同士のささやかな絆がある。支え，励ます人・家族がある！
>
> 今，大人や学生や子どもたちに伝えたい！「**よく生きることは苦しい**！だが，やはり生きることはすばらしい！」と。

最後に，望ましい施設職員像について，筆者は次の「**五つのH**」が大切であると考えている。

① Warm **H**eart（温かいこころ）…受容と共感・愛のある人

② Cool **H**ead（冷静な頭脳）…客観性・科学的精神・自己省察の力

③ **H**and（実践する手）…行動力，実践力，創造性

④ **H**ealth（心身の健康）…人間の病や病理を理解しつつ心身の健康を維持する力

⑤ **H**umor（ユーモアのセンス）…深刻・重篤で絶望的な状況を「笑い」とばせるたくましさ

これらは，一口で言えば「専門性と人間性の調和」である。当事者から信頼と尊敬が得られる魅力的な人であり続ける専門職をめざしてほしい。

このような想いを込めて，施設職員をめざす学生諸君に次の言葉を贈りたい。

＜贈る言葉＞

① 志は　あくまでも高く，実践は　地を這うがごとし！

② 魅力ある大人・人間との出会い…子どもの「心の住人」になれるか？

（市川太郎）

■参 考 文 献

1）市川太郎「教育と福祉をつなぐもの　いま，児童養護施設は」，月刊ほんりゅう1998年12月号，pp. 20–23，全日本教職員組合，1998参照

そこでは“養護”というコトバの混乱，児童養護施設の歴史的沿革上の由来などから，「かわいそうな子」などの「不当な同情」や「問題のある子」，「厄介な子」などという「いわれなき誤解と偏見」が醸成されてきた経緯などに言及した。またその誤解と偏見の具体的な例として① 就職差別，② 結婚差別，③ 犯罪者・問題児扱いなどを挙げた。

2）森山誠「私にとっての養護施設の生活」神田ふみよ編集代表・全国養護問題研究会編『春の歌　うたえば　養護施設からの旅立ち』pp. 181–193，ミネルヴァ書房，1992参照

森山誠は，筆者（市川太郎）のペンネームである。筆者はここで，自らの施設生活の経験を児童養護施設戦後史＝「当事者証言」の一つとして執筆した。この本は，児童養護施設生活経験者21名の「体験手記」が編集され，児童養護施設の戦後史を「当事者証言」によって照射することに成功した貴重な著書といえる。

なお，筆者は実名公表に出版後数年かかった。16年に及ぶ施設生活では四季を通じた様々な行事（春の花見，海水浴・海の家，夏の施設対抗野球大会，秋の運動会，クリスマス会，正月たこあげ大会，米軍基地慰問団，秋の一日里親体験，ボランティアさんとのバス旅行・ハイキング，各地の招待行事などなど）の楽しかった想い出がある。反面，上級生や子ども同士の厳しい上下関係・突然の暴力，性的悪戯などの被害体験，集団生活の軋轢，親との面会・外出・外泊・通信がなかった寂寥感，思春期の自我の目覚めと共に施設入所理由を知る衝撃と動揺，自分はどこから来て，どこへ行くのか？　自分は何者か？　という根源的な問いとの煩悶，孤独と不安，施設退所後社会適応過程での困難＝大学進学に伴う学資・生活費問題，奨学金取得・アパート契約上の身元保証人問題，夏休み・冬休み・正月などに感じた社会的孤立感や「自分は何者か？」などのアイデンティティー・クライシスに直面した。こうした危機をかろうじて乗り越えられたのは「恩師」ともいえる施設職員Ｓ先生との出会い・相談・援助に負うところが大きい。現在は約25年間の児童福祉施設職員経験や保育士養成専門学校・短大・大学などでの福祉人材養成教員（兼任講師）経験などを踏まえて，社会人大学院に進学し，「自分自身のルーツ＝当事者性」の探究・解明などを通してわが国の児童福祉における社会的養護のあり方を「当事者の視点」で見直し，併わせて「児童養護における当事者参加の可能性」を模索し，これを研究テーマとした修士論文執筆に取り組んでいる。その成果の上に「当事者支援団体・権利擁護センター（仮称）」

開設をめざしたいと構想している。(2006年８月現在)

3）「とんがり帽子」の歌は，読売新聞文化部『唱歌・童謡ものがたり』岩波書店，pp.34–37，1999参照。品川博：鐘の鳴る丘　少年の家20年の記録，講談社，1970，と品川博園長の活動は，1969（昭和44）年第３回吉川英治賞を受賞した。

4）横川和夫編著『荒廃のカルテ―少年鑑別番号1589』共同通信社，1985

井上ひさしは,「これは女子大生を暴行しようとして死に至らしめ，無期懲役を宣告されたある少年の出生とその生い立ちとを徹底的に追跡したリポートである。追跡の過程で思いがけない真実が浮かびあがる。それはわれわれの家庭もまた，これと同じ少年を育てているのではないかというおそろしい真実である。特異な事件，と見えるものを分析しつくして，その中から普遍の真実をつかみ出すことに成功した著者たちの努力に脱帽する」と評し，著書の帯文を提供している。筆者もこの本の取材に協力し，控訴審裁判の傍聴活動や再発防止のための「学習会」(「803号法廷問題を考える会」）に参加してきた。

5）市川太郎「虐待からの回復　スピークアウトの試み」，日本子どもの虐待防止研究会（JaSPCAN）機関誌 虐待とネグレクト Vol.5 No.1 July（特集　第８回学術集会（東京大会）分科会報告），pp.69–80，2003参照。特に「子どもの視点」や「当事者の声」に関する文献を紹介している注４）を参照。同研究会はその後「日本子どもの虐待防止学会」へと「発展」したものの「当事者参加」分科会は筆者の期待に反し開催されていない。

6）小川利夫編集代表『ぼくたちの15歳―養護施設児童の高校進学問題』ミネルヴァ書房，1983参照。

（資料） 全国児童養護施設協議会 倫理綱領

原 則

児童養護施設に携わるすべての役員・職員（以下，『私たち』という。）は，日本国憲法，世界人権宣言，国連・子どもの権利に関する条約，児童憲章，児童福祉法，児童虐待の防止等に関する法律，児童福祉施設最低基準にかかげられた理念と定めを遵守します。

すべての子どもを，人種，性別，年齢，身体的精神的状況，宗教的文化的背景，保護者の社会的地位，経済状況等の違いにかかわらず，かけがえのない存在として尊重します。

使 命

私たちは，入所してきた子どもたちが，安全に安心した生活を営むことができるよう，子どもの生命と人権を守り，育む責務があります。

私たちは，子どもの意思を尊重しつつ，子どもの成長と発達を育み，自己実現と自立のために継続的な援助を保障する養育をおこない，子どもの最善の利益の実現をめざします。

倫理綱領

1．私たちは，子どもの利益を最優先した養育をおこないます

一人ひとりの子どもの最善の利益を優先に考え，24時間365日の生活をとおして，子どもの自己実現と自立のために，専門性をもった養育を展開します。

2．私たちは，子どもの理解と受容，信頼関係を大切にします

自らの思いこみや偏見をなくし，子どもをあるがままに受けとめ，一人ひとりの子どもとその個性を理解し，意見を尊重しながら，子どもとの信頼関係を大切にします。

3．私たちは，子どもの自己決定と主体性の尊重につとめます

子どもが自己の見解を表明し，子ども自身が選択し，意思決定できる機会を保障し，支援します。また，子どもに必要な情報は適切に提供し，説明責任をはたします。

4．私たちは，子どもと家族との関係を大切にした支援をおこないます

関係機関・団体と協働し，家族との関係調整のための支援をおこない，子どもと，子どもにとってかけがえのない家族を，継続してささえます。

5．私たちは，子どものプライバシーの尊重と秘密を保持します

子どもの安全安心な生活を守るために，一人ひとりのプライバシーを尊重し，秘密の保持につとめます。

6．私たちは，子どもへの差別・虐待を許さず，権利侵害の防止につとめます

いかなる理由の差別・虐待・人権侵害も決して許さず，子どもたちの基本的人権と権利を擁護します。

7．私たちは，最良の養育実践をおこなうために専門性の向上をはかります

自らの人間性を高め，最良の養育実践をおこなうために，常に自己研鑽につとめ，養育と専門性の向上をはかります。

8．私たちは，関係機関や地域と連携し，子どもを育みます

児童相談所や学校，医療機関などの関係機関や，近隣住民・ボランティアなどと連携し，子どもを育みます。

9．私たちは，地域福祉への積極的な参加と協働につとめます

施設のもつ専門知識と技術を活かし，地域社会に協力することで，子育て支援につとめます。

10．私たちは，常に施設環境および運営の改善向上につとめます

子どもの健康および発達のための施設環境をととのえ，施設運営に責任をもち，児童養護施設が高い公共性と専門性を有していることを常に自覚し，社会に対して，施設の説明責任にもとづく情報公開と，健全で公正，かつ活力ある施設運営につとめます。

2010年５月17日　制定

あとがき

子どもの社会的養護は，いま大きな変革の時期にある。そして同時に，多くの課題を抱えている。その課題は，ひとつには，多分に政府の不作為によって歴史的に蓄積されたものであり，いまひとつには，子育てに直接的にかかわる家庭のあり方をはじめとする社会の変動によってもたらされている課題である。そうした諸課題とその対応の状況については，本書の各章において執筆者の熱い思いとともに語られている。

子どもの社会的養護の変革についても，大きくは二つの方向性が見られる。ひとつは，社会福祉全般の改革動向の中で，国の役割を縮小しつつ，市場原理と親の自己責任に基づく制度再編を進めようとする動きである。いまひとつは，国連子どもの権利条約に基づき，国の役割とりわけ条件整備の責務を強化しつつ，子どもの権利保障の立場に立った実践を発展させようとする動きである。

実際の現場においては，これらの動きは複雑に錯綜しているが，本書は，あくまで子どもの権利保障に向けた実践や制度改革を発展させようとする立場に立っている。本書を通して子どもの社会的養護を学んだ学生にも，そうした立場からの実践を追求してほしいと願うものであるが，それぞれの立場はそれぞれが自らの実践や継続的な学習を通して築き上げていくべきものであることはいうまでもない。本書がそのための１粒の種子（seed）となることができれば幸いである。

末尾になったが，本書の発行にあたり建帛社の根津龍平氏にはたいへんお世話になった。心から御礼を申し上げたい。

編　者

さくいん

＊イタリック体は，次頁以降にわたり同一語が出現することを示す

執筆者・執筆担当

〔編著者〕

氏名	所属	担当
望月(もちづき)　彰(あきら)	名古屋経済大学人間生活科学部教授	第1章 第3章6

〔著　者〕(50音順)

氏名	所属	担当
芦田(あしだ)　麗子(れいこ)	神戸親和女子大学発達教育学部講師	第4章
市川(いちかわ)　太郎(たろう)	共栄学園短期大学非常勤講師	第12章
京(きょう)　俊輔(しゅんすけ)	島根大学人間科学部准教授	第10章
神原(こうばら)　知香(ちか)	京都女子大学現代社会学部非常勤講師	第8章
児玉(こだま)　俊郎(としろう)	岐阜聖徳学園大学短期大学部准教授	第6章
才村(さいむら)　眞理(まり)	帝塚山大学心理学部非常勤講師	第5章
鈴木(すずき)　崇之(たかゆき)	東洋大学ライフデザイン学部教授	第2章
長瀬(ながせ)　正子(まさこ)	佛教大学社会福祉学部専任講師	第11章
農野(のうの)　寛治(ひろはる)	大阪大谷大学人間社会学部教授	第3章1～5
堀(ほり)　健一(けんいち)	日本ボーイズタウンプログラム振興機構代表理事	第9章
堀場(ほりば)　純矢(じゅんや)	日本福祉大学社会福祉学部准教授	第7章

シードブック
三訂 子どもの社会的養護
―出会いと希望のかけはし―

2006年（平成18年）12月12日　初版発行～第4刷
2010年（平成22年）12月12日　改訂版発行～第3刷
2013年（平成25年）4月10日　改訂第2版発行～第3刷
2017年（平成29年）5月25日　改訂第3版発行
2019年（平成31年）2月1日　三訂版発行

編著者　望月　彰
発行者　筑紫和男
発行所　株式会社 建帛社 KENPAKUSHA

〒112-0011　東京都文京区千石4丁目2番15号
TEL（03）3944－2611
FAX（03）3946－4377
https://www.kenpakusha.co.jp/

ISBN 978-4-7679-5089-1　C3037
亜細亜印刷／愛千製本所
Printed in Japan